U0091457

解憂咖啡館

不冷不熱，溫的，　　　剛剛好。

WARNING
KEEP OUT
A POLLUTION SOURCE AREA

攝影　CheerC 的大眼看世界

我的
咖啡路

「哈囉～我們四塊玉文創想找你出一本書，請問你有興趣嗎？」我：「什麼，真的假的！乾～是在開玩笑嗎？」坦白說，雖然心裡知道這不太可能是玩笑，但是如果要執行，然後真的出版掛著作者的名字，一定被朋友笑。哇～做咖啡還做到出書，而且還跟咖啡沒關係！這可能也是我人生意想不到的一件事情。

怎麼開始接觸咖啡呢？

接觸咖啡這件事情其實是非常誤打誤撞的，高中念戲劇、電影電視科的我，其實一直都很想進入電視圈工作，畢業後也順利的進入了電視台工作。因為心律不整的緣故，我沒有服兵役，連替代役也沒有，甚至 12 天那種都沒有。不要笑我娘，也不要說我很爽，我也不想啊（菸）。好～反正我就在電視圈打滾了 5 年多，但其實家人一直希望我去學手搖飲料、珍珠奶茶等等。在老人  家心中，第一賺錢是賣冰，第二賺錢是醫生。最後我也萌生想當老闆的念頭，開屬於自己、可以讓朋友聚會的地方。

有一天走到一家手搖飲料店的門口，深呼吸要去詢問是否缺人時，看到隔壁一家咖啡店的店員，穿的制服比手搖店好看，我就轉彎進入咖啡店詢問

了，就是那麼的神奇，只因為咖啡店的制服比手搖店的制服好看。以前聽說過一個故事，有人聯考成績可以念建中，但他覺得附中衣服比較好看而填了附中為志願，大概是這種感覺 XDDD

怎麼會決定開咖啡館呢？

做咖啡的人一定要開一家自己的咖啡館，不然做咖啡幹嘛？可以說是，也可以說不是，但至少我是啦！有些人做咖啡是因為唸書時半工半讀而產生興趣，然後才決定未來要開咖啡館；有些人開咖啡館是小時候的夢想，工作後存了資金才去上咖啡課，開了夢想的咖啡館；更有人兩者都不是，只是想投資咖啡館，這種也大有人在，而且比例很高。其實什麼人都有，但我能確定做咖啡做出興趣的人，一定都想開自己的咖啡館。因為咖啡館迷人的地方就是有屬於自己的地方，咖啡迷人的地方就是做屬於自己的咖啡。

面試到咖啡館的我，其實不喝咖啡，員工餐都是蔓越莓果茶。不要說我娘，我也不想，咖啡就是很苦啊！前三個月一直覺得糖是人類最偉大的發明，後來因為拉花讓我打開喜歡咖啡的第一道門，感謝拉花這個東西。哈～當時因為拉花，開始努力練習奶泡；因為拉花，開始研究奶泡跟咖啡的關係；因為拉花，開始習慣喝加牛奶的拿鐵、卡布；因為拉花，開始習慣咖啡一定會帶來的苦味；因為拉花，開始習慣咖啡味；因為拉花，慢慢的喜歡喝咖啡（首先你要知道咖啡一定有苦味，只是你習不習慣而已）；也因為喜歡拉花，慢慢的參與一些拉花比賽，認識更多做咖啡的人，認識更多的咖啡館，認識更多咖啡館的辛苦之路。真的很辛苦，但是看到很多

老闆咬著牙打下江山，那種精神是我很感動的一部分，也是我想挑戰的一部分。經過了五年的比賽以及內外帶的洗禮。2015 年 6 月，我決定開外帶風格的溫咖啡。

咖啡館的辛苦之路

做咖啡想賺大錢就跟玩音樂想賺大錢一樣，別傻了。但有沒有人因為玩音樂賺大錢？是有的。有沒有人開咖啡館賺大錢？也是有的。只是放棄或被現實吞沒的人，跟會模仿豬哥亮的人一樣多，滿山遍野，滿坑滿谷，手起刀落，手起又刀落，好，誇張了。開咖啡館是一條很辛苦的路，它能賺大錢這件事情，我想不是我的角色可以說的，因為我沒有 XD，但是開咖啡館能在保有自己夢想的狀態，還能生活或生存，我想是可以的，我就是。

咖啡館很多，為什麼多？因為喝咖啡的人多，因為需要咖啡館這個環境的人多。有人喜愛內用店，有人喜歡外帶店，還有只是為了插個電。它是一個文化，它是個需求，它是車水馬龍的地表上需要的飲品以及環境。就跟酒一樣，它是不會消失的，甚至是在蓬勃發展的。但蓬勃發展怎麼會辛苦呢？辛苦的點在哪呢？就是競爭者多。雖然這是屁話，但如果全台灣只有三家咖啡館，我想你的店已經從台北排隊到墾丁了。那競爭者為什麼會多？因為剛說的需求多，那怎麼在競爭者中贏得勝利？這是每一個人包括我每天都要去想的。

坦白說，我無法在開店不到一年的角度敘述這件事情，說不定這本書出完不久，溫咖啡也倒了 XDD。至於會談論這個話題是想說，每個行業其

實都很辛苦，但你如何面對辛苦，如何因為興趣排解辛苦，只有賺到錢才會覺得辛苦是值得的嗎？我想不完全是。可能客人說一句好喝，可能不要想一步登天，這才是比較重要的。天下沒有白吃的午餐，只有努力拼自己的一餐。

想告訴大家的話

其實目前的人生有很多影響我的人，想跟大家說的其實也很多。從小到大，影響我最深最久的是我爸。他最常跟我說的就是，人不會念書沒有關係，不要做壞事；錢賺不多沒有關係，活得開心才是。活得腳踏實地，誠實的面對自己，不管是好是壞，是好要保持，是壞要改變。第二個影響我人生的，其實是一個我並不熟的朋友。不過我一直很崇拜他，正好一次酒局，他因為我喝醉說錯話罵了我。然後跟我說：「你不可以這樣說話，人就是要像海綿一樣，要一直吸水一直吸水，你的海綿才有重量，你說的話才不會空空的沒有內容。」雖然我當時還嗆他：「海綿寶寶喔！」第三個是我在咖啡界的導師，一直是我很欣賞的咖啡師，他叫林東源。他常說一些在咖啡以及人生的想法給大家，有一句話很經典：「當你做對的事情，全世界就會幫你。」我非常的認同，我也想引用他的句子跟大家說：「當你做有趣的事情，你的世界就會變得很有趣。」

溫咖啡與
溫語錄的 Q&A 時間

Q 為什麼叫溫咖啡？

A 哈哈哈～這問題其實很多人問也很多人猜到，因為我姓溫，這是一個百分之百的理由，但真正的原因其實是因為我爸爸。

我爸爸是我這輩子最尊敬的人，不過在 2013 年時，因為心肌梗塞而離開了我們家。當時其實也有想過要取英文名字，感覺比較時尚或是主流，但最後我認為每家咖啡館店名的誕生，一定都有他的意義或是背後的故事。對我來說，就算想出一個非常厲害的英文名，可能也會沒什麼說服力去敘述我的品牌。也因為想要紀念我爸，溫咖啡的溫堅持是日字「溫」，不是我們打字常看到的這個「溫」。

有人說姓氏分兩個溫（溫），也有人說以前是溫後來改溫，這對 google 來說好像沒什麼差別。但臉書搜尋上，就會因為打不同溫而會顯示不同，雖然我自己的臉書是這個溫 XD。即便知道用這個溫大家比較不容易搜尋到，也會讓別人搜尋錯亂等等。但為了紀念，我決定還是用這個溫來做店名的設計以及創立臉書粉絲專頁的字體，唯一偷吃步就是後面加了 WEN COFFEE，讓大家搜尋時可以直接打這個。

媽媽其實一直很反對我那麼早開店，很多東西她都會否定我的想法，但聽到用我的姓，就叫「溫咖啡」時，她覺得很開心。後來發生一段趣事，就

是我媽姓洪，裝潢的某一天，她偷偷請了一個算命師來店裡看，命理師鐵口直斷說取四個字比較好，非常迷信的媽媽，差點要叫我改溫洪咖啡，然後台語就是叫「穩紅」的啦！好險我媽媽不姓「夕」。

Q 為什麼會想到寫溫語錄？

A 溫咖啡開始裝潢的時候，喜愛拉花的我知道再怎麼會拉花，再怎麼覺得自己的咖啡是好喝，其實很難讓大家認識你的咖啡館。

有一天上網看到臉書有個粉絲團叫「怡海寫字」，怡海寫字是個很會寫字的藏鏡人，po 的東西都是他寫的美美的字，有些是歌詞，有些是笑話，有些是人生引言，有些是無俚頭的句子。有一天，看到他 po 出一句話：「為什麼人類都上月球了，iPhone 還不能防水？」看到的當下我就分享了，短短的一句話讓我笑了一會。分享完後，我就一直看著這個句子，突然想到，如果這句話是在我的外帶杯上，是否會有人跟我一樣很想笑、覺得很有趣，也跟我一樣拍照下來上傳？

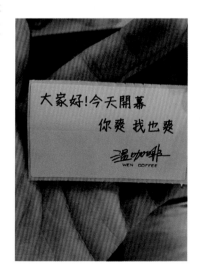

在網路蓬勃發展的年代，藉此能讓大家更認識溫咖啡，讓自己的知名度或能見度高點。想到買星巴克的人，會po 等待自己名字咖啡的照片，想到買

CITY CAFE 咖啡的人，會 po 轟永真設計的「I LOVE MY WORK, BUT NOT TODAY」，還想到可口可樂瓶身的文字設計，也都會讓這社會忙碌或是閒暇的人想要上傳臉書分享。

所以當時決定好，那我每天一句夠厲害了吧。一點都不厲害，因為我第二個月就後悔了。燃燒得太快太快了！一個月扣掉公休也要生出 25 句，一年就要 300 句。曾經我一天想出了 5 句，然後就跟自己說不難啊，一天 5 句，一年有 1825 句，至少可以多用 5 年，爽。但真實世界是一天突然想出 5 句，然後連續 7 天想不出新的，7 天後馬桶水也不會浮出新的字句，好，變民間故事了。

Q 語錄都是自己想的嗎？

A 這問題大概一天會被問到 5 次以上，基本上溫語錄的發想就是一句話。這句話一開始就是設定，給大家力量，給大家會心一笑，給大家傳達一些我對人生的感受等等，絕非我要創作什麼晴天霹靂的句子去取代張帝大哥或方文山老師在東方文化的地位。所以一開始對我來說，打打網路上才出現有趣的句子、歌詞，或是看到哪個名人說過的話，一定是有的。但就像你們看到這本書語錄下面的故事一樣，句子打完，其實我會寫一些故事或是說明為什麼想寫這個，甚至是我發生過的事的感觸。

跟學吉他很像，一開始一定是 copy 歌曲來練，練久了自然你會想寫寫自己的歌。當然一天燒一句話，其實很快就燒完了，尤其是網路太紅的句子，不太能用，因為大家就覺得你沒什麼想法。慢慢的就想自己創作，或是改

編別人的話，認識我久的人或是常常看溫語錄的人，其實都可以感受出來哪些是我想的，可能帶有些我的味道吧（聞）！

Q 語錄會遇到瓶頸嗎？

A 會遇到瓶頸嗎？每天都在趕羚羊，天天都是瓶頸啦。會想不出來嗎？每天都覺得要想不出來了。其實一直有想過，哎～想不出來就重複吧！或是不要 po 文可以不用寫一堆故事；或是就不一定為了博得讚或分享，一定要寫出多會心一笑的句子，只寫一些很基本款正面的句子，例如「人沒有夢想，那跟鹹魚有什麼兩樣」、「我要努力向上，不枉諸君寄望」等等大家常聽到的句子。但有時就不服輸想要再撐久一點，畢竟一年都還沒到，至於可以撐多久，我們一起看下去吧！

Q 溫咖啡以及溫語錄的精神是什麼？

A 每家咖啡館一定有他的味道，他想傳達的東西，或是他的精神。有個樂團的貝斯手跟我說過：「咖啡是媒介，咖啡店是個場所，重點是人與人那

種溫度,和你咖啡店帶給別人什麼。」

咖啡館有很多事可以發生,有很多不同類型的人會出現,有人看書,有人開會,有人帶著電腦寫寫東西,有人打發時間,有人只是來喝咖啡。來的人更是多,文青、上班族、老師、學生、大人、小孩、屁孩、流氓、混混等等等。有時咖啡本身多好喝,鬆餅本身多好吃,也許也不是重點(當然不能超級難喝),是咖啡店的溫度是否讓人得到了些什麼?

很多吧台手很喜歡跟客人聊天、很喜歡跟客人分享咖啡有趣的事情,或是人生很有趣的事情,是種交流,也是種咖啡館的文化,希望客人離開後可以得到什麼或改變這個社會什麼,就算只是一件很小的事情。

溫咖啡一開始開店時,上午沒什麼人,我打完語錄的時候,就會開始寫一些故事、一些我曾經發生過的事情,或是我對人生的感受。有些不認識溫咖啡的人都以為溫老闆是個文青,我可以在這裡說我不是文青更不是憤青,我喜歡搖滾樂但我也不是個 rocker,我做咖啡但我也未必是個很懂咖啡的人,我確定我是個實實在在的台客,我寫的東西未必是要多關心社會或是打抱不平,我只是寫我活到 30 歲發生過的事情。

我曾經被一個咖啡店的大老闆問說:「你平常關心弱勢、關心社會邊緣人、關心貧富不均、關心社福資源不足的具體作為有哪些?還是只是跟大多數人一樣,都是文字上的嘴炮而已……」當時我四兩撥千金的帶過,但實際上我想想,我確實沒有幫助這個社會多少事或是什麼,但我也不是文字嘴炮而已,如果可以看著我寫的東西改變一些人,或是來溫咖啡跟我聊天得

到一些東西，我想是很開心的一件事情。

曾經有一位客人因為感情的事情蹺家，不是蹺到我家喔！他傳 FB 私訊給我，希望我給他一些方向，我聽完他蹺家的原因，再想想我以前蹺過家的經驗跟狀態，給了他一些我蹺家的經驗談。他聽話回家後，也跟父母說了這段故事，他父母除了念了他外，最後請他傳話給我：很謝謝我。其實這是一件很無聊也很不痛不癢的一個故事，但有時改變一個人或是好像幫助了別人什麼，那是很快樂的。

人跟人的能量，以及方向，有時真的就是一句話、一首歌、一件事情會改變，會銘記在心。有改變，世界就會變，大多數的人聽到咖啡顧名思義是提神的飲料，可能是化作能量，我也希望溫語錄能一樣，希望你除了喝到咖啡本身以外，看到一些字句的時候，是否能得到一些什麼。

目 錄

Chapter1
愛情的姿態
——關於愛，誰都不要委屈。

Chapter2
給自己一個希望
——怎樣選擇，就會成為怎樣的人。

看完就該醒悟了
——酸甜苦辣通通有，這就是人生。

Chapter4

解人生的渴
——在苦中找樂子，怒喝。

Chapter1
愛情的姿態

——關於愛，誰都不要委屈。

愛情，是要為對方努力，
　　不是當對方奴隸。

愛情要怎樣走得長遠？怎樣才是愛？
昨天有一個客人問我：
「跟男友出去他會不會付錢，是不是代表他愛不愛你？」
我跟她説當然不是。
但因為我後來在忙，沒有機會跟她多説什麼。

不過我想大部分的人都知道，
愛情這種東西不是金錢可以衡量的，
尤其是出去買不買單，更不能代表什麼。
有些人有錢到可以幫女生全部買單，
但他外面有更多單在買，妳説這是不是愛妳？
當然還是有很愛妳，又表現很大方的男生，
這種人還是很多啦！

其實愛情本來就該是互相的東西，不只扯到金錢。

如果說：

男生不幫女生提包包、當司機載妳東載妳西；

女生不幫男生洗衣服、煮飯燒菜、整理家裡，

那是不是都不愛對方？

每對情侶都有不同的相處模式，或是愛對方的方式。

愛情是要為對方努力，不是當對方奴隸，

努力會感受出來的，奴隸是感覺沒未來的。

我希望妳看到這篇會有些新的想法。

先不說這個了，我要先回家煮飯給我女朋友吃了。喂～

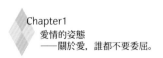

幫助喜歡的人，是愛；
喜歡幫助人，是大愛。

小時候覺得幫助喜歡的人，是愛；
長大後發現喜歡幫助人，是大愛。

可能有時別人會覺得你是否有企圖心，
可能有時周邊的人會問為什麼要多管閒事，
可能有時會讓自己多出些麻煩，
可能有時還會讓自己多欠一份人情。
但我相信只要喜歡幫助別人，
上天一定會回報給你。

我從小只要有用金錢幫助弱勢的人，
那個月的樂透或發票一定會中獎。

當然這個獎都是幾百元，但是通通都會回來，很妙。

我有時騎車騎到一半，

看到有人的輪胎是沒什麼氣的，

我都會去提醒他：

「先生，你輪胎有點沒氣，騎車小心喔！」

之後只要是我的輪胎沒氣，隔天起床就被補滿了，很妙。

（對不起輪胎這段有點扯＞＜）

總之，幫助喜歡的人，是因為你喜歡他，

喜歡幫助人，你會更喜歡自己。

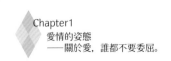
相愛是一瞬間，
相守是用時間。

每次朋友結婚都有些感觸，
尤其是女方爸爸要把女兒的手交給新郎的那一刻，都會讓我眼眶泛淚 TT

之前我哥哥跟我說：
「以後如果你結婚，女方爸爸把新娘的手交給你時，
鞠躬一定要 90 度，然後超過 3 秒以表感激，
不是鞠躬 3 次喔！這樣女方爸爸可能會巴你頭 XDD」
但這個鞠躬，當然不只有感激而已，
還將承諾你會好好照顧他女兒往後所有的日子。

很多人相愛是一瞬間，但是如果要結婚相守，就是要用時間了。
昨天是個好日子，很多人結婚，
也希望每對新人都可以互相扶持、照顧對方。
淚～溫咖啡筆

手機把遠方的人拉近了，
　　　但也把旁邊的人推遠了。
　　　　　　──語錄改編自第七屆 myfone 行動創作獎簡訊組佳作

放下手機，立地成佛。

愛情不是找適合的人，
　　是成為一個合適的人。

——語錄改編自小馬倪子鈞 FB

以前喜歡一個人都會去拔花。

然後開始算花瓣：喜歡不喜歡喜歡不喜歡。

猜測著對方到底有沒有也喜歡自己？

如果最後一片花瓣是喜歡，就會很開心；

如果是不喜歡，就會把花瓣踩爛，

然後說：「鬼才相信這種遊戲 XDDD」

稍微再大一點時，發現這個遊戲很多人玩，

尤其是開始交男女朋友的年紀。

有些人跟另一半吵架，不知道如何是好時，

都會再度拔起花來。

拔著花瓣，心裡默默念：適合不適合適合不適合適合不適合。

最後是適合，就會想說花瓣是在耍我嗎？我們吵成這樣。

但最後如果是不適合的話，就會去提分手。

對方如果問為什麼？

就再回他：「花瓣說我們不適合。」（哭著跑走）

嗯嗯……有點荒謬啦！

不過這幾年真正出社會，

除了自己，發現朋友也都有遇到「交往後適不適合」的問題；

還有看過好的朋友撐不下去離婚了的狀況。

呼～很多朋友在分開後，當去關心或是慰問他時，

通常回應都會是：「哎～我們不適合啦！」

不管這是主因還是罐頭回應，

都好像是總而言之的回答。

前幾天看到一個藝人結婚，打了一句話：

「原來婚姻，不是讓你去找到一個適合的人，

而是讓你成為一個合適的人。」

覺得這句話非常的有意思。
相愛容易相處難之不適合就分開，
好像是現在很多人最常遇到的問題。

基本上，情人是兩個人，
來自不同家庭、不同想法、不同環境，或是源自年紀落差的想法。
至少我覺得男生跟女生很多角度本來就會不同，
這些可能都會歸類成不適合。

但我覺得如果相愛，互相體諒為對方多想幾秒，
也許脾氣或心情不會弄得那麼糟。
如果要走得長遠，或者就是一輩子的事情的話，
很多事就多退兩步。
不是有沒有適合的人，
是有沒有去成為合適的人 ^ ^

男人怕有背景，
女人怕只有背影。

很可怕～
不要問～

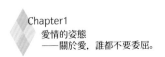
欠情人，會寂寞；
欠人情，會難過。

很多人說欠情人會寂寞，

我今天要說：「……這是真的 XDDD」

但是寂寞歸寂寞，

還是有很多可以抒發的管道。

例如找朋友唱歌、喝酒、看電影、逛街、喝溫咖啡、旅行等等，

很多事是只要有朋友或自己一個人，

就可以讓生活過得更美好的。

解藥：清唱〈寂寞寂寞就好〉～

很多人說欠人情會難過，

我今天要說：「X 的！真的超難過的 XDDD」

不管跟對方熟不熟，只要需要別人幫忙，

或是別人突然跟小叮噹一樣的伸出圓手拉你一把，

很多的時候，

不是多還一倍或是十倍的狀態就可以歸還，這就是人情。

雖然溫咖啡常常說要幫助別人，
但絕對不要是要讓別人欠你人情喔！
人情最難過的，就是談到錢跟錢不能解決的。
解藥：怒唱〈我難過〉～

女人最強的魅力，
是吸引，不是勾引。

我朋友說：

當男生看女生超過 10 秒，

代表你被吸引著；

當男生看女生超過 15 秒，

代表你的魂已經被勾引走了；

當男生看女生不超過 2 秒，

代表……你女友可能在你旁邊。

愛情難解決的不是不愛他，
　　是出現你我他。

常常看 FB 的「靠北男友」、「靠北女友」，
都可以發現一些有趣的事情。
有些是逗趣的抱怨另一半，
有些是帶點本土劇或是偶像劇的橋段，
像出現小三或是小王等等，
而下面的留言都是放生他，
或是這種 @ # *&~%$（海產名稱）就不要了。

在愛情的電影裡，
總是會有個男主角跟女主角，
他們基本上一定會是一對，
女配角呢，
通常是很愛男主角，
然後可能會有些感情糾葛的發生，
但最後仍舊不會是結局時在一起的人。

為什麼呢？
因為……導演安排妳就是女配角 XDDD
好啦！屁話。

反正，在感情上只要出現第三者，
不管是小三還是小王，
通常都會是被大家討論的話題。
但在非電影情節的感情上，
小三未必是女配角，
也有可能其實才是女主角，
結局論（前陣子朋友發生的事而引起的感觸）。

今天不是要聊什麼感情，或是鼓勵小三喔。
只是發現有些朋友，
或是網路上看到的很多故事都是，
重點不是不愛他，是出現你我他。

男人買 PS4 不需要理由，
女人買什麼都不用理由。

在 FB 上常常看到很多男生想買 PS4，
要拜託女友或說出理由。
我在這邊要大聲宣布：
男人買 PS4 不需要理由！

因為電動是男人的兒時回憶、兒時夢想，
也可能是長大的唯一娛樂。
有人可能是用來發洩，
有人可以在裡面找到成就感，
有人會因此讓心情更平靜，
甚至有人說男人跟男人間，
不是聊女人就是聊電動 XDD

世界是公平的，我也要幫女生說些話。

在這邊我大聲的宣布：

女人買什麼都不用理由！

因為

她們是女人 XDDD

喜歡一個人，距離不是問題；
　　不喜歡一個人，所有問題都有距離。

每個人身邊一定都有聽過遠距離戀愛，
甚至其實你就有經歷過。
不管是因為住的地方分開、工作上的分開、唸書時的分開，
遠距離確實可能產生很多難題。

以前靠書信，現在靠視訊，
總是會想辦法讓對方知道多想念，
但是久久見一面，總是讓人很難熬。
電影《那些年》[註] 有個橋段是男女主角分隔兩地講電話，
但他們在看同一個月亮的時候，就彷彿在同一個時空。
個人覺得是非常有感觸的一段 T T

前陣子聽到有朋友遠距離戀愛，準備修成正果，
也聽說有朋友好像準備要跟遠距離戀愛挑戰。

[註]《那些年，我們一起追的女孩》，由作家九把刀撰寫的半自傳同名小說改編而成的電影。

我覺得只要喜歡，

不管是台北愛到台中，內湖愛到澎湖，

北京愛到東京，蘆洲愛到澳洲，

阿拉斯加愛到全家就是你家。

只要喜歡，距離就不是問題。

除非你不喜歡，所有問題才會變你們的距離。

給所有遠距離戀愛的人，

想念對方時，可以看看天上的月亮，

遇到難題時，想辦法解決，

愛情很久遠，愛他不嫌遠。

可不可以牽著喜歡的人，
從老婆到老婆婆。

——語錄改編自網路

最近真的好多朋友要結婚，
除了恭喜以外，有些感動也有點感觸。

小時候就一直覺得，牽著一個人的手到老很簡單，
就像打開浦島太郎的盒子一樣那麼快，
哈哈哈，小時候真的就是覺得那麼簡單。

但其實牽著一個喜歡的人，從老婆到老婆婆，
是有很長很長的時間要去走的。
希望我最近結婚的朋友們，還有看到這篇的人，
都可以永遠牽著你們另一半的手。

尤其是男生們，加油，來一客別白吃 XD[註1]

[註] 源自作者語錄：「當女生跟你要一克拉的時候，就是男生吃來一客的時候。」

女生要的是男生有擔當，
而不是褲襠。

昨天跟朋友聊天，
我問他：「你怎麼讓你女友跟你在一起那麼久，
感情又那麼好，又很少聽你們吵架，
是怎麼辦到的，教一下啦！」
他說：「女生要的是男生有擔當，
而不是褲襠，但其實都要有。」
我：「……。」（眼睛睜大，嘴巴微開）

女生要的是男生有肩膀，
　　而不是綑綁。

昨天跟朋友聊天，

我問他：「你怎麼讓你女友跟你在一起那麼久，

感情又那麼好，又很少聽你們吵架。

是怎麼辦到的，教一下啦！」

他說：「女生要的是男生有肩膀，

而不是綑綁，除非她有特別要求。」

我：「……。」（眼睛睜大，嘴巴微開）

女人其實很簡單。
她喜歡你，你就是帥哥；
她不喜歡你，你就是胎哥。

昨天「日貨 cancan」的老闆跟「繪本咖啡│嬉々 café」的老闆，
向溫咖啡投稿一段話：
喜歡的人，做什麼事都是帥哥；
討厭的人，做什麼事都是胎哥。

經過溫咖啡老闆審核後，
發現女人其實很簡單，
其實跟做什麼事沒關係，
只有喜不喜歡你這個男生而已。
喜歡你，你就是帥哥；不喜歡你，你就是胎哥。
（我沒有說謊～）

男生被喜歡就是帥哥，不被喜歡就是胎哥，
你敢不被喜歡嗎？

當喜歡一個人的時候，在看星座分析時，
你會一起把他的也看了。

今天獅子座財運指數：5 顆星。

我看一下天秤座的喔。

不管在歐洲結婚，還是在蘆洲迎娶，
愛對了人，才是最重要的。

温咖啡關心你的健康，
以及有沒有愛對人。

難過的眼淚是冰的，
開心的眼淚是熱的。

記得以前很難過的時候，總是不小心會掉下眼淚，
那種冰冰涼涼的感覺會記在心中。

這次去比賽，其實是蠟燭兩頭燒，準備得沒有很好，
尤其是知道第一天比的部分做得很不 OK。
昨天宣布六強，唸到溫咖啡時，
我其實有掉下淚，是熱的。
可能是因為是用溫咖啡的名字第一次參加比賽，意義很重大；
可能是覺得有人在保佑我。

當我要撇頭不想讓人看到時，
發現入圍的六丁目選手也在哭，
不想讓他看到我這個老手有掉淚，
再往左邊轉，代表 SO 的選手也在哭，

靠腰喔～明日之星喔！
好，我相信熱淚盈眶這四個字了。

謝謝幫助我的人，
謝謝幫我加油的人，
謝謝陪著我練習的人。
11/13（五）將在南港展覽館比決賽，
希望大家都加油，
不管結果如何，都要一起再哭。
不是冰的就是熱的，但喝咖啡是要溫的～

嫁人不可貌相，
一定要善良。

人不可貌相，海水不可斗量，
嫁人當然一定也不能貌相，嫁錯會賽林量 XDDD
喂～不過我常跟我女性朋友說，
我覺得尋找另一半最重要的是是否善良，這很重要！
因為人善不善良，會牽扯到面對每一件事情，
外表真的不是那麼重要，賺的錢夠用就好嚕。

好啦，今天為什麼要打這段關於婚姻的話呢？
因為前天公休是幫忙去帶 kimiko 老師的班，
不是幫她去帶班跳舞喔！
是當小助理一天，帶她去工作的帶她。
她那天跟我說溫語錄都幫朋友告白，什麼時候幫她徵婚？
我說改天改天（打太極）。
當天晚上參加她生日 PARTY，
她許了一個願望是：我希望今年可以嫁出去。

當下其實還滿感動的。

從她的聲音可以感覺得出來，

她想要一個肩膀可以依偎著（純屬我自己的感覺）。

其實也不是要幫她徵婚啦！

以她粉絲團的人數跟她的名氣，

溫咖啡這種小小咖真的無法幫她任何一點。

只是今天 26 號是她的生日，

希望跟她說一聲：「生日快樂！

希望妳今年的願望可以實現，

也希望妳找到的肩膀是善良的。」

朋友們留留言幫我給老師祝福吧！

kimi 老師生日快樂 ^ ^

愛情可以走不遠，
但不要撕破臉。

很多人說愛情很久遠，有時就是走不久也不會遠。
很多人因為相愛而在一起，也會因為相處而分開。

前兩天跟一群以前在打飛鏢的朋友一起吃飯，
裡面有對當時是情侶的朋友，
那時候在一起沒有非常久就分手了。
雖然繼續在一個團體裡面生活，
多多少少有點尷尬，但他們沒有撕破臉，
所以前天其實是可以很開心的一起出現在聚會上，
也很開心的被大家虧當年的趣事。

雖然不管是不是走的多近多遠，都有可能撕破臉。
有人在一起幾個月，
可能因為劈腿就撕破臉；

有人在一起好幾年，
可能因為太多繁瑣的事情撕破臉；
有人就算是老夫老妻，也可能為錢撕破臉。

有些撕破臉的人，可能一輩子不會再見面，
有人可能好幾年才釋懷，
有人可能遇到下段戀情才原諒對方。
但如果沒有撕破臉，如果還是朋友，
你會發現聊到以前的事情，是一種很開心的事情，
好像這輩子眼前這個人最了解你。

以下開放標註撕破臉的另一半，
開玩笑的，你可能連對方臉書都沒有 XDDD

有時，看著朋友幸福，
就是一種滿足。

—語錄引用自網路

每個人在唸書時，總是會有幾位死黨、姊妹等等。
前兩天公休就是參加了我高中死黨的婚禮，
因為他是台東人，婚禮辦在台東，
也讓我們幾位好朋友，
除了參加他婚禮外，
還享受了台東的美景和美食（但其實都在喝）。

記得剛開學時，看到這位台東朋友，
其實真的就是會特地多看他兩眼，因為他很黑很黑。
心裡想他的外號十之八九一定叫小黑，
就跟你在路上看到一隻黑色的狗，
你一定會叫他小黑的概念一樣 XD

果不其然，自我介紹時他就說：
「大家好！我來自台東關山，叫我小黑就好。
我很黑，但我不是原住民。」
但其實大家都不相信，哈哈哈哈。

我們感情很好，
一起翹過課，一起打過架，穿過同一件內褲。
《那些年》、《少女時代》[註] 演過的幾乎都發生過啦！
當然還有追過同一個女孩，
好，最後是他贏（輸家有三個，昨天都在現場）。
他就是有股魅力，讓女生喜歡他。

但人非十全十美，
記得有一次段考完，班上一群人約去唱歌，
大家就拱他跟他女朋友出來對唱情歌，

[註]《我的少女時代》，一部以 1990
年代為背景的校園青春愛情電影。

當時他們是點唱〈屋頂〉，

但是他卻把屋頂唱到被吹掉的感覺。

聽完他的歌聲，把麥克風放下來的那一刻，

班上的同學才很確定他不是原住民，

他真的只是很黑而已……。

嗯嗯，很多故事很想跟大家分享，

不過因為時間且還在宿醉的關係，改天再跟大家分享。

恭喜你，兄弟。

昨天離開時，

你很怕這兩天沒有時間陪伴我們，會讓我們不滿足。

但其實你牽著美嬌娘走到舞台時，我已經掉淚了。

看到你幸福，就是一種滿足！

女人怕男人，心不定；
　　男人怕女人，陰晴不定。

以前我爸跟我説：
「女人找個心定的男生就像在骰骰子，
骰到心定的男人就會幸福一輩子。
女人的心情也在骰骰子，
有人天天骰，有人每個小時都要骰，很恐怖的。
先不説那麼多了，去幫爸爸買晚餐。」
我：「媽媽沒煮嗎？」
爸：「沒，今天骰到2。」
我：「……。」

男人是豬，女生是書，
別妄想豬讀得懂書。

——語錄引用自網路流傳已久的句子

昨天一位國小同學來喝咖啡，
邊點餐邊跟電話另一頭的女友吵架。
男：「妳都到行天宮捷運站了，就走過來喝一杯。」
女：「你外帶過來載我。」
男：「好咖啡就是要現場喝。」
女：「溫咖啡好喝到外帶也好喝啊！」
男：「好好好，都我錯，我去載妳。」

掛完電話我同學就說：「男人是豬，女人是書，別妄想豬讀得懂書。」
我：「你為什麼不換書？」
同學：「因為～

書已經印了。」

愛就是要一輩子，
愛不能是 by case。

愛！什麼是愛？
只要你很喜歡、很喜歡一個人、一件事或一個東西，
我們通常都會說那是愛？
可是扯到愛這個字，好像就有責任，
或者有一些使命要握在手上好好保護。

今天的愛不只是說感情啦！
剛剛才被一個結過婚客人，
看著我的文字說：「一輩子？哎，你一定還沒結婚。」
我點頭如搗蒜，加帶一點微笑。
但也有跟他解釋，
這句話是想給愛這個東西，不只是感情，
可能你有養毛小孩，喜歡自己喜歡的東西，
好像就該用這一輩子的形容詞或信念去行動，
反正，愛這種東西就不能是 by case 啦^^

宛若愛情的初心感 ——

黑糖拿鐵

愛情，從字面上來看，可說是人人皆知就
是甜。這個甜很初心，可能是因為小時都
期望自己的愛情，期望自己的婚姻，總是
在想像中都是甜的。這時候就該配上黑糖
拿鐵，黑糖是糖類裡面最初期的糖，也最
健康，以不加工的狀態手工熬製而成，非
常適合對愛情的初心感。

攝影　楊志雄

Chapter2
給自己一個希望

——怎樣選擇，就會成為怎樣的人。

人有時候要有些勇氣，
才會來一些運氣。

什麼是運氣好？什麼是運氣不好？

踩到大便是運氣不好？

但踩完大便，就去買樂透卻中了 400 元是運氣好？

好～不解～

有時候，

人需要一點點的勇氣去做一些事情，

踏出那步（不是叫大家沒事去踩大便喔），

會得到你意想不到的事情，

就會發現自己運氣好，可以得到想要的事情。
如果沒有勇氣的原地踏步，
我想永遠不會有說出自己運氣好的時候。

以前考試考很好的同學都會說：「我運氣好啦！」
雖然很生氣這樣說法，
但他總不可能回答你：「我很有勇氣的去看書！」

希望大家都要有一些勇氣去做事情，
運氣才會跟著來～

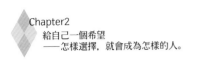

拼命的去生存，
也記得快樂的去生活。

生存有很多方式，生活也會有很多形式，
想要生存下去，還是享受生活有趣，
每個人都不同～

昨天看到新聞，
有個家裡在做魚市場的人，
因為覺得市場一直萎縮，
他就開著小貨卡直接出擊市區，
現切給想要吃生魚片的人。
這種把車當做行動店面的方式，
就像電影《五星主廚快餐車》一樣。

他也用網路 APP 軟體的形式，
告訴客人現在還有些什麼魚貨。
想辦法去生存，又很快樂的在生活，
他說：「想就要去做。」 （帥）

拼命的去生存，
也要記得快樂的去生活。
希望有天溫咖啡也會有行動版的～
希望有天溫咖啡也會有行動版的～
希望有天溫咖啡也會有行動版的～
就叫溫咖車（不是溫的屁股喔）。

有時嘴巴說想要放棄，
　　其實只是對自己感到生氣。

——語錄引用自網路

安西教練說過：
「現在生氣的話，比賽就結束了。」

溫咖啡關心你的健康，
以及不要太常生氣。

天下無難事，
　　只怕數學跟你不想學。

註解 1
天下無難事：在這個世上，
不論多困難的事，其實都可以完成。

註解 2
你不想學：只要有心，人人都可以當食神，
只怕自己沒有心或不想學。

註解 3
數學：就真的太難了嘛⋯⋯

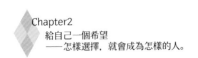

成功或失敗，
都要自己去參與。

——語錄引用自網路

今天是温咖啡開店一個月，
呼～現在想起來好像還是個夢。
記得只是開車不經意的經過建國北路，
眼睛正好瞄到一個小店面，
在房租不高的狀況下，告訴自己不能怕，
連這租金都會怕，
以後要如何做更大的店面。

但其實我依稀記得簽約時，
我的右手還在抖，
左手沒抖，因為左手只是輔助。
我知道我自己不喜歡做吃的、也不想賣吃的，
我也知道單純賣咖啡飲品非常辛苦，
有點像是同花硬要打 full house 的感覺。
但我想夢想有時候就是這樣，
成功或失敗都要自己去參與。

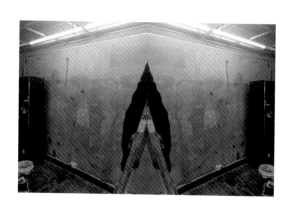

感謝～
因為想你，我堅持要把温字拿出來當店名的天上的老爸；
出資跟叫我一定要還他錢的老媽；
支持我開店並監督我要好好做的老哥。

幫我想東想西、出力弄出內部裝潢，
並做出温咖啡 logo 的阿邦；
一路陪著買東西、搬東西、擦油漆，
還得忍受我的壞脾氣，處理大大小小事情的儀鳳（啾咪）。

只讓我砍 1000 元房租，
但洗手間可以免費上的房東孫大哥；
偷工減料，只會要錢，
一直罵我靠腰的水電吳大哥；
徒手裝二樓招牌，

鼻毛永遠露出來的招牌張大哥；
幫我裝濾水器，
長得像蔡康永＋劉青雲的小許哥；
迅速幫我製作出名片的阿酷哥、阿酷嫂。

認識半年，
幫助我卻超過十年感情的好意思 Café 老闆孝祖；
提供我武器、彈藥、概念的 Phoenix Coffee & Tea 的 Ryan 哥；
台南艾咖啡的艾神；
總是來無影去無蹤的平少哥。

開店以來一直來買咖啡的法老王；
這些日子所有來過的朋友，
以及買過、喝過任何一杯溫咖啡的你們。

溫咖啡──
賣的是咖啡，給的是溫暖；
收的是現金，喝的是開心。

追逐夢想最有趣的事情，
　　不只是過程，還有陪你的人。

昨天去看超犀利啪小趴的龍之家族演唱會，
這是我第三次看他們在台上唱歌胡鬧，
他們不是發片樂團、不是搞笑團體，
但是他們總是可以讓演唱會爆滿，
讓聽完演唱會的人，
帶著笑容、帶著淚痕、帶著很多力量離開。

他們唱的是追夢的過程，
他們聊的是追夢的旅程。
追逐夢想最有趣的事情，
不只是過程，還有陪著你的人。

國中時，我跟朋友會跑去按附近鄰居電鈴說：

「我是超級星期天，我是阿亮卜學亮。」

等對方驚訝的回答：「稍等一下喔！」

開門後，我們再跑掉。

嗯～這好像不是追逐夢想，好像是惡作劇，

但是想起來有陪伴你的人，

總是讓自己更勇敢 XD

事業要有成，
爸爸李嘉誠，
長相郭富城。

唸書時，
其實蠻多同學都會用電影台詞來開玩笑。
有一句話我有個同學超常用，
他每次考試考不好，拿到考卷時都會說：
「為什麼我老爸不是李嘉誠？」[註]
當然李嘉誠不能幫你考試，也不能幫你成績變好，
但有個有錢的老爸好像什麼都可以不用學了。

當時我跟幾個只會抽煙打架的同學，
根本不 care 考試成績，
不 care 老爸是不是李嘉誠，
但很 care 長得有沒有像郭富城。
首先中分是一定要的，
一定要夠中間、一定要吹得夠高。

那時中分有分兩種：

第一種就是髮膠只沾前面中分的地方，讓他定型；

第二種就是髮膠只沾其他部分，把他壓下來。

反正就是中分翹起來的地方，跟其他頭髮要有落差，

才是郭富城式中分。

然後每個人都會眨眨眼說：「大家好～我是郭富城～」

像的人三分樣，

不像的人就會顏面神經失調樣。

當年老師常常說，

畢業後不管要不要再升學，或是直接出社會工作，

未來一定會面對自己的事業部分。

要好好的工作打拼、不要偷機取巧、

要腳踏實地、按部就班的努力……等等 SOP 的正向能量話語。

但記得老師有一句話是説：

「男人啊～事業要有成，老婆小孩也要疼。」

雖然我們都是改成：

「事業要有成，老爸李嘉誠，長相郭富城 XDDD」

出社會後，

在工作不順時常常會想起這些事情。

但其實一直有在思考，

李嘉誠的老爸不是李嘉誠，

但他還是當了大家的幻想老爸李嘉誠。

郭富城變成大家的郭富城，

也不是因為他中分有高，他後來也沒中分了 XDD

他很努力的持續演戲，

得了金馬獎最高榮耀的影帝。

到現在雖然跟同學見面時，

還是常常講到這個玩笑。

但每個人都知道，

要努力才能變郭富城，

要努力才會讓自己的小孩叫你李嘉誠。

人生比的不是職稱，
　　而是稱職。

大家加油，啾咪。

可不當人中之龍，
但別當籠中之人。

——語錄改編自小鬼黃鴻升 FB

前幾天看到藝人小鬼在 FB 寫了一段話：
「小時候，覺得自己是人中之龍，
功課還不賴，躲避球超強，一百公尺 12 秒 88；
長大後，覺得自己是籠中之人，
什麼都無所謂了，別困在世俗的框架裡就好了。」
不知道是不是因為前陣子媒體一直追問他與小豬的感情狀態，
搞到好像他們曾經交往過後來分手。
好，不 care 這個事情。

有人叫他小鬼，有人叫他黃鴻升，
有人喜歡，有人不喜歡，因為他有一種小黃味～
喂～退流行了啦 XDDDD
好，今天只是想跟大家說他真的是人中之龍～
因為他是我唸華岡戲劇科的學長。

他非常帥，籃球打得超級好，畫畫不輸美術科，
功課雖然沒有很好，
但是考試不考零分，女友 xxx（人生勝利組）。
聽說全校女生都喜歡過他，
我跟我的死黨同學則是喜歡過全校女生 XDDD
反正我們幾個學弟都把他當成偶像在崇拜，
是一位非常 nice 的人。

但今天不是要攀關係或是爆什麼料，
只是很久沒見到這位學長了。
看他在演藝圈闖出一片天，真的很感動，
以前全校第一帥是他，
第二帥在開店做咖啡，
第三帥不重要……

好啦～應該都聽過每個父母都望子成龍，

不是叫你去拍武打片喔，那是真的成龍。

是希望自己的兒子能在工作或是事業上，

是個佼佼者，或是南八萬的概念，

不過南八萬也都只是一個，

不可能大家都是成為人中之龍的。

但是憲哥說的對，

當老二最舒服，當小三最幸福，

只要對得起自己，

不當第一，第二、第三，也許可以過得更快樂。

被小鬼的這段話影響了幾天，想了一些事情，
覺得雖然大家心目中還是希望可以成為人中之龍，
但可能因為想要成為那條龍，
而勾心鬥角爭弄得魚死網破，
搞到最後什麼都不是。
就很像困在籠子裡面的人，
只在一個框框內當自己的王者。
這樣其實活得很辛苦，也會很沮喪的。

希望大家在能力範圍內走出自己的路，
不一定要當龍，
但請走出那個籠，才能看清楚世界。

不知道五年十年後是怎樣的世界，
　　但要努力記住現在這感覺。

——語錄引用自三杯雞樂團歌詞

昨天去看了犀利啥小趴最後一場，
也正好是我以前離線咖啡同事的樂團「三杯雞」。
中間有首歌有句歌詞是這樣寫：
「我不知道五年十年後是怎樣的世界，
但是我會努力記住現在的感覺。」
人好像都無法想像十幾年後，
這個社會、這個世界會變怎樣？
不管是自己、父母、同學、朋友、女友、前女友，
會是怎樣、會變怎樣？

三杯雞這個樂團，

其實算是認識十幾年的好朋友後來組成的樂團。

十年前主唱單身，

十年後他還是單身，

所以他昨天還是在唱著我想要女朋友，

（也在現場徵了女友）

五年前就沒有在演出的他們，

也沒想過五年後還有機會表演。

說不定有天唱進武道館，很難說～

但記得，

不知道之後是怎樣的世界，

要記住現在你的感覺。

當你覺得不無聊時。
　　就是你進步的時候。

——語錄引用自黃鎧輝上節目說的話

前幾天看黃鎧輝在電視上說了一段話，
今天送給大家：
「當你覺得不無聊時，就是你在進步時候，
當你覺得無聊時，就是你在退步的時候。」

因為溫咖啡很正面，
所以只打第一句給各位，
不是字打不進去喔！
第二句大家就放在心裡就好，
如果記不住，
我明天會再打第二句……。

流汗的錢，不會跑；
　　流汗的孩子，不會倒。

——語錄引用自網路

努力，一定會被看到。
溫咖啡關心你的健康，
以及要多流汗。

有些人天生看不到，
但他們卻努力讓大家看到。

昨天晚上回家開電視，
看到 TVBS 正在播個「幸福計劃」的紀錄短片《小小鼓手》。
內容是四分衛樂團幫助一個天生看不到、
才國小二年級的小朋友呂岳駿。
他的願望是學打鼓，
有天可以在舞台上當個鼓手。

之前就看過網路上四分衛的鼓手緯緯教導他的影片，
所以昨晚開電視時，
看到他們演奏〈寶島曼波〉，
四分衛的團員也蒙上眼睛陪著他一起演奏，
真的是哭到不行。

有些人天生看不到，

但他們卻努力讓大家看到。

這不是一般要學打鼓那麼容易，

要學打鼓、學會拍子，更要記住鼓的位子。

謝謝四分衛。

加油！呂岳駿小朋友以及他的阿公。

工欲善其事，
自己要爭氣。

工欲善其事，自己要爭氣。
是的～老闆因為要為週五的比賽爭氣，
所以週四要閉關修練。
11/12、11/13（週四、週五），公休兩天～

我有預感我不是前三名，就是後三名，
對，因為六個人比～哈哈哈～
好啦！平常心啦！
勝敗乃兵家常事，誰沒有輸過呢？
憲哥說，嘿嘿～輸久了就會習慣了。
另外五位選手都非常厲害，
我就好好享受比賽的過程吧！

有空的朋友，

週五 11 點也可以來南港展覽館看看比賽，

現場除了比賽，

也有非常多的咖啡、茶、美酒的攤位讓大家逛逛。

好～我要練習了。

萬能的天神，請讓我睡飽一點～

選擇比努力重要，
　　但努力會有更多選擇。

以前老師都會跟功課不好的學生說：
「小溫啊～不愛唸書沒關係，
找到自己喜歡的興趣去走，
選擇比努力重要喔！」
小溫：「謝謝老師。」
轉頭就是跟成績好的學生說：
「努力會有更多選擇喔！」

我的老師是雙面人啦ＴＴ

心裡安靜，全世界就安靜；
心裡美麗，你就會變美麗。

——語錄第一句引用自電影《九號球》台詞

心裡想喝咖啡，
麻煩請來溫咖啡。

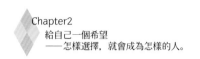

休息，是為了想清楚，
更適合自己的路。

常常聽到一句話：「休息是為了走更長遠的路。」
不管在工作上或感情上，都有聽過這種敘述。
對我來說，
休息不只能走更長遠的路，
是為了想清楚更適合自己的路。

在工作不順時，都可能休息一陣子。
然後遇到親朋好友就會被問，最近在那高就等等。
沒工作時都會說最近在休息，
如果是朋友都會回：「那麼爽，還可以休息～」
如果是親戚就會回：「命究後ㄟ，阿a盪ㄏㄧㄡ、眠。」
好的，基本上兩個意思一樣，
只是一個白話、一個閩南話 XDD

不管對方回答的意思是什麼，

都多多少少覺得不是滋味，

我還聽過更酸的朋友：「最近在幹嘛啊？」

我：「最近在休息中啊！」

朋友：「那麼年輕就退休了喔～」ＴＴ

休息，

有的人是讓自己有充沛的體力去走更長遠的路，

有的人是在這段時間想想自己適合跟合適的路，

可能中間見到親朋好友，會被開開玩笑，

但記得，有時休息的沉澱，

才會更確定人生的方向。

以後記得，如果有朋友說最近在休息，

或長大後晚輩說最近在休息，

記得鼓勵的對他們說：

「那麼年輕就退休了喔！」

（一代傳一代，酸人才是愛 XDD）

改變從現在開始，
說明天再開始，通常是失敗的開始。

明天再開始存錢，
明天再開始減肥，
明天再開始運動，
明天再開始早睡，
明天再開始戒菸。

明天再開始不一樣，結果可能都一樣……
因為明天這兩個字可以無限上綱，
明天失敗了，還有明天的明天，
還有明天明天的明天。

如果沒有明天～
你我可以現在就改變～

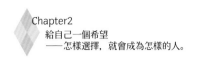

真正厲害的人，

　　會拿出經驗教人，

不是只拿專業壓人。

各行各業裡都會有厲害的人，

尤其是在自己走跳的行業裡面，

你更可以看得出來哪些是厲害的人，

他厲害在哪裡或者是他能力在哪裡。

自己在咖啡業待了 5 年多，

發現比自己厲害的人超級超級多。

只要比你多一些專業，他就比你厲害一點，

不是比粉絲專頁喔，是工作上的專業。

只是後來你會發現他就算厲害，

但我就賭爛他說的或他做的任何一切。

不是不服輸，

是一種他 X 的你怎麼好鳥毛，

一直拿專業在壓人，好煩喔你～
你好棒棒～你最厲害～都給你做～
甩頭就走，五分鐘就回來，因為發現鑰匙沒拿。
（通常氣呼呼離開的人都會忘了帶東西。）

到現在你會發現厲害的人很多。
但真正更厲害的人，
不是只拿專業出來，是拿經驗出來教人；
他會判斷他要用什麼切入點，
或討論的點敘述他的專業之處。

所以真正厲害的人，
真的會拿出經驗教人，不是只拿專業壓人。
昨天來找我的那個人，送給你^^

面子會讓男生安靜五分鐘，
　面膜會讓女生安靜五分鐘。

忙碌繁雜喧鬧的社會裡，
有時安靜個五分鐘，
會讓自己更有力量往前走。

沒人天生就懂，
沒人想要就有。

昨晚看到一位咖啡前輩在 FB 打了一句話，

一語道破學習咖啡的心聲，

當下很感動的我，

馬上跟我旁邊的朋友說：

「這句『沒人天生就懂，沒人想要就有。』有沒有很感動？」

我朋友說：「媒人那麼厲害喔！」

我：「喂～靠腰啊！不是那個媒人啦！」

喜歡一件事可以去琢磨，
但不要走火入魔。

俗話說的好：認真的女人最美，認真的男生最帥。
不管是男生還是女生，
認真去琢磨一件事情的那一面，
好像都會很吸引人。
不管是不是工作上，
就算女生只是煮飯掃地，
就算男生只是打電動玩玩具，
那種女人的背影或男孩的癡呆樣，
其實都是很迷人的。

只要不要做壞事，
去琢磨做一件喜歡的事情，
先不管帥不帥美不美，
有一天一定可以得到大家的認同或給你掌聲的。

但琢磨頂多是兩眼泛紅，

當太琢磨變成走火入魔的時候，

兩眼是會冒火花的，水也澆不熄，

這時可能大家都會覺得你瘋了，

甚至想要遠離你，

不會想給你掌聲，會是想給你巴掌 XDDD

希望大家喜歡一件事情，

可以去琢磨，但千萬不要走火入魔。

給朋友，給自己，給所有人。

人成功，放屁都是道理；
　　不成功，道理都是放屁。

——語錄改編自網路流傳已久的句子

你成功，
你説的都是馬雲的十句話；
你還沒成功，
你説的都是白雲的玩笑話。

人可以做自己，
但不要做到大家討厭你。

[註] 出自電影《食神》。唐牛為劇中反派角色，為了打敗史蒂芬周，成為食神而不擇手段。

做自己。

很多人都說要做自己，但都好像在放肆自己。

拿做自己當著擋箭牌，做著別人討厭看到的事，

其實不是做自己。

舉例：《食神》的唐牛 [註] 很讓人討厭，

但其實他也可以說在做自己。

什麼是做自己？

是要良心的面對自己？還是要只為了自己？

人可以做自己，但不要做到大家討厭你。

去全聯買東西就是做自己，

去頂好買東西也可以 XDD

有些事，認真就輸了；
　　有些事，輸了才會開始認真。

不是贏家，就是輸家，你敢輸掉嗎？
很多人常說認真就輸了。
不管小事、別人的事、玩笑話、真心話、
拐彎抹角的話、謠言、有人說、聽說等等，
只要「在意」聽到或看到的事情，
覺得不舒服或想平反，就可能很激動解釋或是動點小怒，
然後，就會有朋友拍拍你的肩說：「認真就輸了。」

是沒有錯，很多事情，
尤其有時是不關自己的事情，
所以叫大家別認真了。
但就是因為剛剛說的「在意」兩個字，
可能這個玩笑正好開不起，
這個謠言傳下去還得了之類的，
反正就是認真了啦！

從小到大，尤其是唸書時，
就有唸書、考試、分數這種東西，
也有同學、老師、家長這種東西。
所以所有的東西都有高低輸贏比較，
甚至所有人都在看，
這就是開始不想輸人生的開始。
有些人天生就不想輸，
也有些人是輸了才會開始認真，
為什麼因為不想輸，
因為輸了感覺不好，因為「在意」……

所以人生不是在意就是不在意，
你敢太在意嗎？

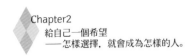
若要人不知，
除非己莫為。都先莊孝維。

老師教過「若要人不知，除非己莫為」。
你不想讓人知道那就不要去做，
基本上是在說做壞事，或是做不對的事情，
可能是作弊，可能是偷東西，
反正都是些投機取巧之類的事情。

長大後，
發現社會很多人是「若要人不知，都先莊孝維」。
不管是地震倒塌後，看到大樓裡面有放桶裝瓶，
肇事逃逸的人、做黑心食品的人，或是貪污的人，
都抱持著莊孝維的心態，
只要不想讓人知道，都先莊孝維。

套一句高義[註]的話：

「陳先生會找你去驗牌，高進也會找我去驗牌，

你不說、我不說，有誰會知道。

你真的以為賭神是神啊！

哈哈哈哈哈（超級奸笑臉）。」

[註] 電影《賭神》中的反派角色，是賭神高進的
堂弟兼助手。

成功的人，你會看到謙虛；
　　不成功的人，你會看到牽拖。

昨日公休，趁颱風還未到來的好天氣，

溫咖啡特地南下去拜訪一家知名咖啡店：員林右舍咖啡。

為什麼特地下去員林這家咖啡店呢？

因為這家咖啡店有個傳奇，

聽說假日有過日賣 700 杯，

沒錯！你沒看錯！

在員林！是賣咖啡！一天 700 杯！

這數字已經超過台北許多知名的咖啡店了。

會特地下去拜訪，

原因其實是這家咖啡店跟現在溫咖啡一樣，

是以外帶咖啡的模式去經營，

所以其實是要去偷看人家成功的地方（奸笑）。

一進去店裡發現店很大，
裝潢非常有水準，又有四層樓的空間，
當下只覺得這空間在台北可能租金要 30 萬吧 XDD
點完咖啡後，
一直有咖啡界金城武稱號的我，
馬上被右舍老闆認出來，
老闆立刻從位子上起身，過來跟我點頭，
並問我是不是溫咖啡的老闆。
我當時真的覺得有點腿軟，
不是因為被認出來，
不是因為他來打招呼，
而是他親切的模樣讓我感受到了溫暖。

老闆除了招待蛋糕，還介紹了他們咖啡的味道，

然後我們就開始聊起對外帶咖啡的理念。

從對談中可以知道右舍老闆這七年來的心路歷程，

看到的四層樓是後來有的，

一開始其實只有一樓的一半，

其他空間也都是廢墟狀態。

草創時期沒有招牌、沒有名片，都是一個人上班。

鐵門拉下來、騎著腳踏車就去外送，

一天可能也只有賣出一杯咖啡。

慢慢做起來後，

靠借錢才陸續把二樓以上的樓層租下來裝潢，

他的員工以前都是領著非常低的薪資，

跟他一起熬過每一天。

雖然他從頭到尾都是笑著跟我描述這故事，

但可以從他的眼神感受到眼淚，

只是，他跟我一樣忍住吧！

最後他送我咖啡豆造型的手工肥皂，

謝謝我來到這裡，

也希望有機會我能再來右舍咖啡。

離開後，上了車，我感受到的是：

不是咖啡怎麼做、外帶咖啡怎麼經營，而是謙虛怎麼寫。

謝謝右舍老闆。

到現在，

右舍咖啡還是沒有名片、沒有招牌，

沒有成功的 SOP，就只有謙虛的一顆心。

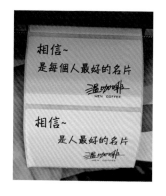

音樂不能當飯吃，
　　但它能讓飯變好吃。

音樂能不能當飯吃？
爸媽跟玩過音樂的人，
都會跟每個人說音樂不能當飯吃，
他們說的對不對？在台灣好像是這樣？
但我能確定不管在那個地方那個國家，
音樂可以讓飯變好吃。

不管是不是音樂，
其實很多人面對到自己喜歡的東西，喜歡的興趣，

可能都會面臨能不能當飯吃的一件事情。

如果可以請繼續喜歡自己的興趣，

它也許不能當飯吃，但這興趣可以讓你吃的飯更好吃。

玩音樂沒有規則規章，

不管故事是如何請繼續創作音樂，

讓喜歡你的人都覺得飯變得好吃。

Everything will be ok.

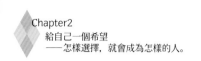

孝順不是聽父母的話，
孝順是陪父母說說話。

孝順有很多種方式，
每個家庭教育不同，每個人想法也不同，
更因為時代會有不一樣。
有人全身脫光先給蚊子叮完，
這樣蚊子就不會吸父母的血了；
有人選擇買電蚊拍先把蚊子殺光，
這樣蚊子就不會吸父母血了；
買電蚊香來插著電，倒頭就睡也大有人在。

今天不是叫大家比較孝順，或判斷孝順的定義，
更不是叫大家不要聽父母的話喔！
不是回家跟父母說溫咖啡說不要聽父母的話啦，
這樣我明天應該就倒了 XD
父母的話還是要聽喔！

只是我們都知道我們都有叛逆期過，
都會反對父母說的，
或是他們幫你指定的路，
或是嫌你的女朋友、嫌你的男朋友。
我想他們只是怕這心肝寶貝被搶走，
也希望你不要走偏，或將來過不好，
希望你聽他們的話。
長大後，有時發現他們有些說的很對，當時怎麼沒聽，
有些事情也會發現好險沒聽 XD
不然我現在一定很不快樂。

人不要過於愚孝，愚孝不會快樂的，
孝順是很發自內心讓父母感受得到，
不然就很愚孝肉不笑的 fu，
只是為了聽話而盲從的做事情。

其實長大一些，
才發現不是聽他們的話才是孝順，
應該是陪他們說說話，聊聊天，
因為他們越大，可能做的事情越來越少，
可能努力二、三十年後的他們已經準備退休，
但可能準備努力的我們，
卻很少花時間陪伴他們，
記住！百善孝為先。
今晚我們一起脫光衣服餵蚊子，
再陪他們好好聊天，好嗎？

不是人人都是神，
　　所以請當一個努力的人。

請當一個努力的人，
在我活的地方。

練習有時不是為了進步，
是為了不要退步。

練習通常是為了進步，
但有時是為了不要退步。
不退步就是進步，
不進步就是退步。
喜歡的事情持續練習，
才會是自己的一大步。

好事放心頭，
　　壞事放水流。

——語錄引用自網路流傳已久的句子

大家早安，九月你好。
對很多上班族來説，
九月可能是個很普通一個月的開始。
但對學生來説，
又是個嶄新的開始。
對！沒錯，暑假結束了！

我想很多人昨天就開學了，
不管是見到了舊同學，還是認識了新同學，
變了學長，有了學弟，
來到一個新環境，
喜歡了新的班花等等等。

一定有位老師會說：

「大家暑假過得怎樣？該收心了喔～

暑假好玩嗎？作業都有做嗎？」

呼～雖然溫老闆已經 10 年以上沒過暑假了。

印象中聽到的暑假都是：

去同學家玩、看了很多電影、打工、

存了一些錢、看了一些書、去聽演唱會、
學了吉他、出了國、去海邊、整天待在家裡打電動、
跟心愛的人約會、唱了 ktv、去了 mtv、
買了很多新衣服、改了制服褲、修了裙子的高度、
做到很賭爛的暑假作業等等。

我想八九不離十，
暑假是學生時期成長的大仙丹，
既然是成長的大仙丹，
我想除了有開心的事情，
可能有人也有遇到不開心的事情（奸笑）。

不管是開心的事還是不開心的事，
都一定會讓你成長。
但是開心的事，要放在心裡去感動，
不開心的事，要學著改變，讓他過去。

同學們加油！
好事放心頭，壞事放水流。

人可以略懂略懂，
但不要不懂裝懂。

懂？不懂？裝懂？略懂？似懂非懂？
每件事情、每個問題，
都環繞在這些了不了解、懂不懂的氛圍。

有人說不懂，但其實什麼都懂；
有人說很懂，其實沒有那麼懂；
有人說略懂，可能真的不太懂；
有人說很懂，其實都不懂裝懂。
人生很多事情都似懂非懂的在學習。

人可以略懂略懂，
但不要不懂裝懂。
懂嗎？

處理好心情，
　　才可以處理好事情。

——語錄引用自網路

聽說禮拜一可以心情好的人，
都是成功的人跟請假的人 XDDD

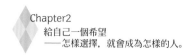

需要，爸爸買給你；
　　想要，自己去爭取。

——語錄引用自網路

需要跟想要，要分清楚。

例如：

喝可樂就是，想要，

喝溫咖啡就是，需要。

給需要加油打氣的你——

卡布奇諾

很多勵志的東西，其實是一種挑戰或是一種激勵人心的狀態。在咖啡界，大家都知道卡布奇諾是做咖啡的人會花一些時間去下功夫的飲品，也是大多數咖啡人會去其他咖啡店享受或是挑戰的一個飲品。卡布奇諾有該有的溫度，有該有的綿密度奶泡，它也有個不成文規定的小杯c.c.數。又有咖啡人堅持不外帶要現喝的狀態，對於做咖啡的人來說，做好一杯卡布奇諾就是個勵志的故事了！

攝影 楊志雄

Chapter3
看完就該醒悟了

——酸甜苦辣通通有，這就是人生。

今日不養身，
　　明日養一生。

健康是人最大的財富，
健康是人最大的快樂，
健康是人最大的挑戰。

今日溫語錄比較偏向賣中藥的，
但溫咖啡今天還是賣咖啡的。

進來可以跟我說一帖焦糖、一帖黑糖，
一定 iPad 溫開水 [註] ～
喂～喂～喂～（許效舜式的跌倒）

[註] 出自電視廣告台詞：「一定要配溫開水」，因為國台語混搭而延伸出許多搞笑梗。

事情不只有正反兩面，
事情就像千層麵。

——語錄改編自 MP 魔幻力量〈Be OK〉歌詞

Magic Power 有一首歌的歌詞寫到：
「誰說事情只有正反兩面，我說它就像千層麵。」
常常聽到那首歌都會想，
人面對很多事情，
真的不能只用一體兩面去看，
就算只是對錯之分，
也會有一些不同的切入點去看事件本身。
觀點、文化、年紀、性別，
都會有對不同事情的想法。
事情也真的千變萬化，
人生淺顯不易懂，的確跟千層麵一樣，
現在也只能分出辣跟不辣而已……。
菸～

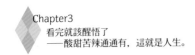
談錢傷感情，
　　談感情傷錢。

這兩句話不一定是屢試不爽，
但發生過的人好像都會不爽 XDD

沒有一定，
只是個喝酒傷身不喝傷心的概念。

雖然還有很多事想要做，
但人好像大部分的時間，
都是在錢和感情上圍繞著、煩惱著，
你呢？

團結就是復仇者，
不團結就是負責醜。

Q：要幾個人才算團體？
A：20。
因為：Twenty（團體）。

好！很老的笑話我知道 XDDD
有團體就有團隊，有團隊就該團結，
只要團結，
每個團體都會像復仇者[註]一樣強。
只要不團結，
很容易就……醜一嘍。

[註] 由漫威漫畫 (Marvel Entertainment,Inc.)
創造的超級英雄團體。

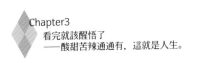

不怕一翻兩瞪眼，
就怕做人大小眼。

一翻兩瞪眼，
其實是在形容賭博翻牌那刻的勝負，
不是你拿鐵支，就是我的臉鐵青，
不是我拿 full house，就是你老爸會變成兔子。

在生活中，很多事情其實也是一樣。
記得有個朋友高中聯考考得不錯，
當時應該是到第 5 志願，
但因為填寫志願時畫錯格，
結果掉到第 15 志願。
登登～ 一翻兩瞪眼，
但他沒有因此喪志，
他開始加入幫派，想成為大哥，
喂喂喂～ 不是啦！
是努力的唸書，最後大學考到很不錯的學校。

後來其實有聽他說，當時真的非常喪志，

他那時有個很喜歡的女生，

女生的家人因為他的學校沒那麼好，反對他們來往，

所以他非常的想努力。

現在他出社會過得不錯，

就會跟我們分享：

不怕一翻兩瞪眼，就怕做人大小眼。

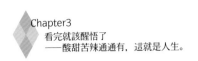
可以輕盈地放下，
　　　但別輕易的放棄。

最近很多做咖啡的朋友在為 10 月底拉花賽，
以及 11 月中的咖啡師比賽絞盡腦汁，
我自己也有報名 10 月底的拉花賽＾＾

這兩個比賽除了技術上和完成度以外，
當然就是本身的想法，
所以真的非常讓人想破頭而煩惱。
昨天跟一個蠻要好的選手聊到練習的狀態，
我們兩個都有練到想放棄 XDD
當然我有鼓勵他，他也有鼓勵我啦！
畢竟頭都洗一半了，
當然還是要跟洗頭妹妹聊個天啊！
喂～是要把它洗完啦！

但有時有壓力、有煩惱、沒有什麼想法的時候，
可以放下手邊的東西，輕盈的去走走。
稍微讓自己放鬆，或去陽明山野餐（Melody 選手 XD）[註1]，
說不定你會看到更不一樣的東西、想到不一樣的東西。

可以輕盈地放下，但別輕易的放棄。
加油！記得我昨天跟你說的。

[註] 咖啡師進複賽的選手，前一天剛好
po 去陽明山的野餐照。

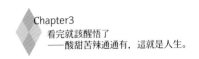
長大才發現，
　　開心是敘舊，而不再是酗酒。

嗯～看來我的心還在台東，
或是還在高中死黨上～

長越大越發現，
大家聚會的時間，沒辦法像以前那麼的頻繁。
有人開店、有人結婚、有人朝著自己夢想努力，
總因為忙碌或不同行的狀態而減少了見面。

以前還在唸書或剛出社會時，很常黏在一起，
只要聚在一起就會很久，
因為很久，就會喝酒，
只要喝酒就是酗酒 XDDD

雖然是個不好的狀態，

但以前喝酒總是要拼個你死我活。

從啤酒喝到米酒，從威士忌再喝到維士比，

今天不是你躺下來，

就是你扛著我回來（請放古惑仔音樂），

當時就是覺得喝得爛醉很開心。

雖然這次聚會，我們還是喝了點酒，

但其實發現大家開心的是，

聊聊以前的事，談談現在大家的工作和生活，

開心的已經不是酗酒狀態，

而是敘舊的心態。

長大才發現，開心是敘舊，而不再是酗酒。

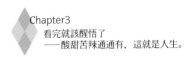
有相同興趣，
　　才會有相同的頻率。

昨天參加了一家咖啡店三週年盛會，很開心，

多開心我現在無法打出來，

因為我還在宿醉。

有相同興趣，聊起天來很開心也很容易醉，

謝謝 AP[註1]，恭喜 AP 三週年

[註] Artista Perfetto，由六個香港來的咖啡愛好者所開的店。

別把煩惱帶到床上，
　　因為那是個睡覺的地方。

——語錄引用自網路

別把煩惱帶到床上，
那是個睡覺的地方。
好好睡一覺，
隔天才有精神煩惱（咦）。

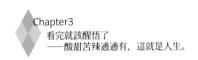

小時候覺得幸福是簡單的事，
　　長大才發現簡單是幸福的事。

——語錄引用自網路

我想這句話大家在網路上應該蠻常看到的，
它也一直在我温氏語錄的資料夾裡。

小時候真的覺得幸福好像很簡單，
就是賺大錢，然後什麼都可以做到；
長大後發現賺大錢很難，結束。
喂～開玩笑的啦！

不過因為今天是我開店第二個月，
也是我的 30 歲生日，有點感觸。
昨晚我吹了這次生日的第一支蠟燭，
我的三個願望，不再是中樂透、買跑車、
長得再帥一點、再給我 2 公分的身高、環遊世界等等。

我許的是希望身體健康，
溫咖啡生意可以穩穩的往上爬。

長大才發現，希望生活簡簡單單的。
長大才發現，不用跑車，騎著摩托車就很開心了。
長大才發現，原來我已經很帥了。
長大才發現，168 的身高也比 167 高啦。
長大才發現，我連那麼美麗的台灣，都還沒有全部看完，
要找時間去環島而不是環遊世界。
長大才發現，簡單就是很幸福的事情。
祝我生日快樂，溫咖啡兩個月加油！

30 歲了，啊啊啊啊啊啊啊～

一山不容二虎，
不是當胖虎，就是當巧虎。

小時候都聽過一句話：「一山不容二虎」，

這句話顧名思義就是有一座山，

如果有兩隻老虎，

他們就會跑得快、跑得快，

一隻沒有眼睛，一隻沒有尾巴，

真奇怪～真奇怪～

喂～回來。

是一座山如果有兩隻老虎的話，

他們就會因為要搶食物或想要稱王而打架，

不是兩敗俱傷，就是讓人受傷。

所以通常都在形容一個地方不能有兩個能力很像很強，

或是都想要當頭的人。

雖然網路上有看過一山不容二虎的後面說：「除非一公一母。」
我覺得真的是未必 XDDD
因為那比較屬於最後可能因為兩人在一起，
或是動物因為要傳宗接代，
因為愛而會互相禮讓的狀態（我的觀察啦）。

其實這幾年出社會總是常常看到這種故事，
只要有兩個 keyman，或是兩個想上位，
好像多多少少都會發生這種狀態。

最近有感觸一些事情，
當然這裡不能說，哈哈哈。
但我想只要兩個人互相尊重、禮讓、多聽聽對方想法，
哪怕一個當胖虎，一個當巧虎，
才會合二為一生存得更久，一起加油！

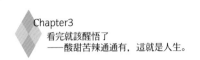

在高潮時享受掌聲，
　　　在低潮時享受人生。

——語錄引用自憲哥名言

昨天下午臨時貼一個溫式語錄「憲哥加油」，
為什麼會貼這個呢？
其實看了一整天的網路新聞，
真的對金鐘獎從缺的新聞感到難過。

我還沒學做咖啡前，
就是在做電視綜藝節目的，
五年的電視圈工作中，
正好有一年就是在憲哥的公司。
台灣綜藝節目確實就是憲哥說的：製作費是別人的十分之一。
也因為這樣，
台灣的製作單位必須比別人多 10 倍的努力去做節目、想內容。
請尊重演藝人員、幕後工作人員一年的努力。

評審以個人喜不喜歡，
去評出好不好這件事太令人不解，
自己不喜歡就從缺，
從缺這件事情是你說的算嗎？
覺得選項不好就要從缺，
那選總統怎麼不從缺？
這不是一年一度三金該有的態度。

我不是想幫以前老闆加油，
我是在幫台灣的六至七年級生說加油！
憲哥名言：「在高潮時享受掌聲，在低潮時享受人生。」
我相信他贏得的不再是獎項，而是我們的歡笑。

寧可睡地板，
　　也要當老闆。

——語錄引用自網路

草創時期真的很辛苦，
當老闆的朋友一起加油吧！

PS. 我爸媽吵架時，我爸也睡地板。

很討厭很討厭夏天，
　　除非我現在在海邊。

每到夏天我要去海邊，去海邊。
海邊要來一杯溫咖啡，溫咖啡。[註]

[註] 內文改編自〈我愛夏天〉歌詞。

有些事其實你不用説出口，
　反正我知道。

——語錄引用自強辯樂團〈在那之前〉歌詞

溫咖啡開店開始，
從不想跟其他咖啡店一樣做什麼買一送一，
或是第二杯半價的活動。
但昨天在強辯樂團的演唱會，
看到他們在為夢想持續努力而很感動。

為了支持他們，
溫咖啡宣布只要你來溫咖啡買一杯咖啡，
拿出強辯「三明三暗」演唱會的門票，
不管是台北、台中、高雄，
只要是三明三暗門票，
溫咖啡將再請你一杯咖啡！
溫咖啡將再請你一杯咖啡！
溫咖啡將再請你一杯咖啡！

活動時間從 2015 年 10 月 1 日至 2015 年 11 月 30 日。

今天溫咖啡語錄是他們的歌詞：

「有些事其實你不用說出口，反正我知道。」

希望有空的朋友，

台中場跟高雄場可以多多去支持。

我的少少時代，
生日快樂。

每一個女孩都有屬於自己的少女時代，
我的少男時代有段日子就是看看樂團表演。

印象中應該是 11 年前，
在公館的河岸留言看表演時，認識了位朋友，
依稀記得我們兩個剛認識，看到一個辣妹後的對話……

他：「ㄟㄟㄟ，你看那裡。」
我：「甘，那個不錯。」
他：「＊＆＾％＄＃＾％＃＠（保留）。」
我：「哈哈哈哈哈哈。」

今天是他的生日，
他也將在公館的河岸留言開個唱，
有時間的朋友可以去支持，
也祝他演出順利！

他網路名稱叫少少（有點娘），
我的少少時代，生日快樂！

小時候，哭著哭著就笑了；
　　長大後，笑著笑著就哭了。

——語錄改編自梁文音〈心裡的孩子〉首播文字

昨天在網路上看到這句話：
「小時候，哭著哭著就笑了；
長大後，笑著笑著就哭了。」
小時候總是會無憂無慮的躺在父母的手上，
哭鬧後總是會有人來抱你、哄你、秀秀你，
然後就發現好像沒什麼好哭的，
不知不覺也就笑了＾＾

長大後無法躺在父母手上的我們，
很多事都是掌握在自己手上，
面對人生的很多挑戰以及喜怒哀樂，

甚至還有人也當了父母，哄著自己的小孩不哭，
常常要扛著很多事情，
仍然要帶著微笑面對這個世界，
有時笑著笑著就會流淚ＴＴ

那種淚，
有些是喜極而泣的狀態，
有些是可能突然想起挫折或一路上的辛苦等等。
雖然有點悲哀的感覺，
我們統稱這是正常能量釋放，
但，哭完要繼續往前走喔～

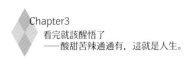
什麼是老了？
　　進錢櫃第一件事情，
是看菜單不是看歌單。

以前第一首歌一定要是五月天，
現在都是包青天。

小時比的是真心，
　　長大比的是現金。

這句話告訴我自己，我還是小孩子。
因為我沒有現金，只有真心。

今天是 10 月 1 日，
除了計程車漲價外，提醒大家今日起到 11 月 30 日，
憑強辯樂團「三明三暗」北中南任何一場門票，
來溫咖啡買一杯咖啡，溫咖啡將再請你一杯咖啡喔！
由於要確認您的票有無使用過，
溫咖啡會在你的票上蓋上溫咖啡 logo 章，
但章週六才會好，所以這兩天會先用簽章的方式替代。

我真的很真心對朋友，
今天也是強辯樂團貝斯手生日，
大家祝他生日快樂！
記得他的生日就是計程車漲價日。

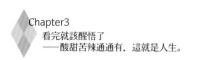

起手無回大丈夫，
　　已讀不回會想哭。

有玩過象棋的人都知道「起手無回大丈夫」，
只要你動了一步，
手拿開那刻就不能反悔，
也不能按 Ctrl+Z 回來，
所以要想清楚才能動你想的那步棋。
但跟好朋友玩，
還是偶爾可以凹一下 XDDD
只是就會被笑不是大丈夫。

很多人也會把這句話放在人生上或跟朋友的約定上等等，
反正就是答應了事情，
或做完決定的事情就不能反悔。
但起手無回，已經不是現在大家在意的了，
現在大家在意已讀不回。

有時很氣，有時很難過，有時真的會想哭。

我想大家都有這種感受，

好的，以下再開放向曾經已讀不回你的朋友，跟他說：

我難過～

PS.56 不能亡。

有些事不是永遠不懂，
　　　是到了某個年紀才懂。

5 歲的人永遠不知道 15 歲的人在幹嘛，
15 歲的人永遠不知道 25 歲的人在想啥，
25 歲的人永遠不知道 35 歲的人在做啥。

但 45 歲的人都會懂：
5 歲的人在哭什麼，
15 歲的人在鬧什麼，
25 歲的人在玩什麼，
35 歲的人在拼什麼。

回到一樣的地方，
回不到一樣的時光。

——語錄引用自網路

人要回到一樣的地方很簡單，
可能走個路，可能搭個車，可能坐個飛機，
就能回到曾經去過的地方。

長大後，總是會想回到以前的地方看看，
或有的時候，是不經意的經過有回憶的地方。
但隨著長大、隨著環境的改變，
都會覺得什麼都不太一樣了。
尤其是當時陪著你那些光陰的人，
也都因為長大各忙各的，
想要回到一樣的地方真的很簡單，
但回到一樣的時光好像很難。

有時候真的不想長大，有時候真的很害怕長大。
好想要一台時光機～

爸爸説不用錢的最貴，
　　媽媽説不買貴的就有錢。

爸爸説不用錢的最貴，
媽媽説不買貴的就有錢。
媽媽説這是體驗，
爸爸説這是經驗。
筆記……
温咖啡～

大部分討厭的生活，
都是因為在討生活。

人總是要面對一些討厭的生活。
禮拜一的生活，
加班的生活，
唸書考試的生活，
睡不飽的生活，
假笑的生活，
斤斤計較的生活，
沒時間吃飯的生活，
日復一日的生活，
沒辦法去旅行的生活，
面對不喜歡的人，還要八小時的生活。
都是因為大家都在討生活。

台灣最好吃的是邊走邊吃，
　　台灣最好喝的是免費試喝。

之前跟一個國外念書回來的朋友聊天，
聊到台灣夜市的小吃，
他覺得夜市的小吃真的很好吃，
可是他受不了邊走邊吃，
就問我說為什麼台灣很多人喜歡邊走邊吃？
我說：「好吃啊！」
他就說：「好吃也可以坐著吃或帶回家吃啊！」
我說：「冷掉就不好吃了 XDDD」
後來他翻完白眼就走了。

其實很多人覺得邊走邊吃是台灣人的文化，
有人喜歡，有人不喜歡，
但其實想想很多人邊走邊吃，

可能是一天忙碌到沒時間吃飯，
可能非常餓，隨便買個東西就先吃，
總之就是餓了啦～
哈哈，不是提倡邊走邊吃，
但看別人邊走邊吃，其實感覺特別好吃。

後來我有跟那朋友說這個觀點，
他說他可以了解那感覺，
所以我就跟他說台灣最好吃的是邊走邊吃，
他最後問我那台灣最好喝的，該不會是邊走邊喝吧？
我說不是，台灣最好喝的就是免費試喝。

人生的長短是天注定，
　　人生的精采是自己決定。

人生不長也不短，
生老病死是人生都會遇到的事情，
可是喜怒哀樂是自己創造的事情，
也許活得精彩才是最重要的事情。

減肥不是用嘴巴說，
　　是嘴巴不要吃。

小時候胖不是胖，
長大後的胖永遠胖。
T T

自己的堅持都是堅持，
　　別人的堅持都是固執，
這就是人生。

想做一件事情，
如果別人認同，就會是說你堅持；
想做一件事情，
如果別人不認同，就會說你固執。
堅持？固執？
很多事情其實是別人有沒有跟你想的一樣，
或是最後有沒有成功的結果論。
成功就會歸類成堅持，
失敗就會歸類成固執。

通常我們都覺得父母很固執，
因為他們常常想的跟自己不一樣。
或許長大了才會慢慢覺得他們不是固執，

自己小時候在堅持的東西才是固執。

可能面對學校的老師、公司的老闆都有這種SOP出現。

哎～

自己的堅持都是堅持，

別人的堅持都是固執。

可能這就是人生，

但我覺得有時候可以多聽別人說一些事情，

先不要判定是對或錯，

先不要判定是堅持還是固執，

了解別人的想法，

可能對自己是不同的轉折。

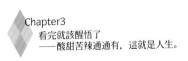

話不投機半句多，
　　話很投機髒話多。

遇到話不投機的人，
總是聊不到半句話就不想聊了，
甚至很多人連打招呼，或是連看都不想看對方，
就是沒 fu 或是真的不對盤之類的。

但是跟自己的很好的朋友，
不管你們稱呼兄弟還是姊妹，
或是有一些雖然算是後來才認識，
可是一聊天就發現興趣或想法是一樣的人，
總是髒話特別多；
X 真的耶、X 我也是耶、馬的 X 好巧喔、

X 你媽這個我懂、X 喝啦喝啦，

當然不一定真的是髒話或是髒話的意思，

但總會說出一些沒那麼香的話，

像女生姐妹們就會屁啦、靠北、你很賤ㄟ、shit 等等等。

總是投機的人就會多加了這些詞，

然後就會格外親切 XDD

當然罵髒話或說不雅的詞是很不好的，

但以下開放標註話很投機的好朋友說：

乾～我愛你拉～

愛對了人像在吃馬卡龍，
愛錯了人像在吃保麗龍。

大家 229 快樂！

四年一次的 229 其實跟選舉很像，

雖然沒有太大變化，但總是四年一次，

起床就感覺今天不一樣。

先祝 229 生日的人生日快樂！

你終於生日了。

哈哈哈，好。不重要。

昨日溫咖啡放假，

跑了一些咖啡店、甜點店，有一些感觸。

1. 看到開咖啡店的年輕夫妻對咖啡店的努力以及扶持：

球好·咖啡 Best Cafe Sport Bar

2. 去了一家老闆對人生很豁達的外帶咖啡：

藍儂說 Then Espresso

3. 吃了沒那麼好吃的馬卡龍：

好，這家我保留

這三家店下來，我有些感想：

球好‧咖啡及藍儂說這兩家，

都是跟溫咖啡幾乎同期開的咖啡店，

我們都一樣還在草創時期，非常的辛苦。

聊了一下經營八個多月的想法，

可能因為我們都是同一時間開的店，

剛開不久就遇到吹掉招牌的颱風，很衰這樣。

草創時期的店，

尤其是情侶或夫妻很容易因為生意不好而吵架；

聊到球好‧咖啡開店這段時間發生的事情，

感受得出來他們有過爭吵、有過意見不合，

但也感受得出來，他們要牽著對方的手，

把咖啡店拼出一個好成績。

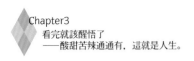

藍儂說的老闆跟我一樣整天在為自己的杯數努力，
客人：「今天幾杯了？扣打到了嗎？」
老闆：「乀，差一點。」
也交換了一個人顧店、小坪數要上廁所的悲哀。

第三家店是一家有名的甜點店，
但馬卡龍像保麗龍一樣好吃。
好～我的感想就是：
愛對了人就像在吃馬卡龍，
愛錯了人就像在吃保麗龍。

其實人生就是這樣，就是反差那麼大，
為自己想要的努力。

遇到困難的事情跟遇到好的事情也是一樣，
為愛的人努力、互相扶持，更是這樣！

球好、藍儂説，一起加油！
大家有機會也可以過去這兩家店，
你可以感受出他們的用心。

不怕無心之過，
　　都怕無心工作。

「太多的無心之過，只說明了有多麼無心工作。」
今天早上我在咖啡上的導師——
Phoenix Coffee & Tea 鳳咖啡的 FB 看到這段話，有些感觸，
想到自己以前還沒做老闆時的一些事。

在工作上，
每一個人都會出包、出一些差錯。
可是其實很多事情沒那麼難，
或是已經發生過不只一次，
但又發生第二次或發生更嚴重的包。

其實只是自己無心在工作當下，
可能在想別的事情，
可能在想自己的感情，
可能明天要連假，心已經在外面了，
或可能想趕快下班去聚會，然後隔天宿醉，
以此類推，出包越來越多天。

不管當老闆、當同事、當員工，
每個人都不怕無心之過，都怕無心工作。
大家加油，謹記在心。

山不在高，有仙則名；
　　口袋要深，有錢則靈。

以前高中的時候，
因為同學的關係而認識了一些校外人士，
聽到校外人士這四個字，你以為是流氓？
拜託不要先入為主！
沒錯，是流氓。

當時下課或是放假就會跟著去茶街走跳，
記得當時有個老大跟我們幾個小弟說：
「出來走跳，除了要有義氣，口袋要深才可以。」
那時在旁邊的我只告訴自己：
「義氣是三小，我只知道意義。」
然後艋舺就把我台詞抄走……
喂喂喂～開玩笑的。

當時我只跟自己說：「義氣我應該沒問題。」
但其實那時不太懂「口袋要深」是什麼？
隔天到學校還跟我同學討論，
是不是要穿垮褲，口袋大一點、深一點？

後來那老大的小弟們漸漸地遠離他，
不是他沒義氣，好像是口袋不夠深。
慢慢才了解口袋深，在現實社會裡好像真的很靈，
朋友會多，靠近你的也多，
但是不是真心的？
其實當你口袋不深時，
就會慢慢發現你靈的是仙，
還是靈的是你的錢。

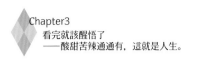
志同道合，不志同道別，
人生就是來來去去。

人生就是來來去去，
志同道合，不志同道別。

在國小時，就有人喜歡七龍珠、有人喜歡幽游白書；
在國中時，就有人喜歡籃球、有人喜歡排球；
在高中時，就有人喜歡吉他、有人喜歡街舞；
在大學時，就有人喜歡念四年、有人喜歡念五年；
在我現在的咖啡行業，有人喜歡手沖、有人喜歡拉花。

就算大家都喜歡七龍珠，
也會因為喜歡悟空或達爾而不同；
就算大家都喜歡籃球，
也會因為你喜歡喬丹還是馬龍而不同；
就算大家都喜歡吉他，
也會因為你是彈〈人生海海〉還是彈〈聽海〉而不同；

就算大家都念五年，
還是有人會念六、七年而不同；
就算大家都喜歡拉花，
還是有人喜歡組合圖有人喜歡對流圖而不同。

當然都還是可以當好朋友，
只是遇到喜歡的事情、遇到一樣路線的人，
就容易走在一起，
聊的話題也會比較多，相處時間就會更多。

長越大，你會發現朋友都是來來去去。
哎～人生就是來來去去～
來去～來去～咱來去 GO TO 夏威夷。

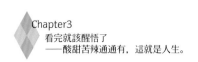

忍一時不怕風平浪靜，
　　就怕變本加厲。

——語錄引用自網路

大家都知道忍一時風平浪靜，
這可以訓練自己的脾氣還有修養，
女孩子可能是訓練自己的內涵或氣質，
我覺得都很好、都很棒。
但風平浪靜啊風平浪靜，
好像就會是暴風雨前的寧靜，
對～就怕讓你要忍一時的人變本加厲。

《葉問 2》的洪師傅一直被老外警察剝削和打壓，
但洪師傅可以一直忍。
當老外警察覺得他好欺負的時候，就變本加厲的羞辱他，
最後羞辱到中國武術，然後就踩到洪師傅的點。

每個人其實都一樣。

忍，有時為了生活，

有時為不想把事情弄難看，

有時為大事化小，小事化無。

變本加厲的人，

其實也很多是得了便宜還賣乖，

或是不尊重其他人，不感受其他人的感受，

他才會讓人更不舒服。

人都一樣，人都很像，

記住永遠不要當你曾經不喜歡的人。

面無表情不是臉臭，
　　但臉臭都是面無表情。

臉臭跟面無表情實在太難分了，
人常常面無表情時，
就會被朋友或同事覺得他今天臉臭，
有人天生無表情時，就很恐怖，
好像你欠他多少錢一樣，
但有人明明臉臭時，
你安慰他或詢問他，
他總是跟你說：
「我沒有臉臭，我只是面無表情，
我沒有怎樣，我只是沒有笑而已（這種很靠北）。」

我以前也常常被説臉臭。

兩者很像又是維妙維肖，

面無表情常常被誤會是臉臭，

臉臭也常常狡辯是面無表情而已 XDDD

所以大家才常常說要笑臉迎人。

如果周邊朋友常常臉臭或是面無表情，

可能心中有怒～

解藥：購買溫咖啡怒喝毛巾。

你們身邊有面無表情、很像臉臭的朋友嗎？

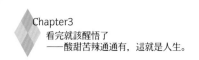
兄弟就是要你一杯、我一杯，
喝到老伯伯。

兄弟有分好幾種，親兄弟、堂兄弟、表兄弟。
表兄弟又有兩種，但今天先不在這裡解釋是哪兩種 XDDD

除了這種血緣關係的兄弟或人家說的出來混的兄弟外，
有一種就是小時候唸書時認識的死黨。
這種死黨間的感情，
我想不會輸親兄弟或是混的兄弟，
因為死黨相處的時間及年輕歲月會發生的事情，
通常都是這種兄弟們陪在你旁邊的，
這種死黨應該每個人都會有。

前幾天我有一位認識 19 年的死黨結婚，
參加婚禮的過程，想到了很多事情。

哇～這位認識 19 年的人，

我們到底一起過了多少日子？

我目前活著的三分之二時間他都參與著，

想想這是一件很恐怖的事情。

以前颱風天哪有去泛舟這種事情，

我們的颱風天就是猜拳猜輸了，

直接走到馬路給雨淋（不良示範，年輕不懂事）。

死黨就是有一件事很酷，

基本上他在一起過的所有女生，死黨都會看過，

當那天他牽起新娘的手在敬酒，

你就會有個畫面閃過其他女人的臉，好恐怖 XDD

好～靈異事件。

那天除了喝喜酒、聚聚餐外，晚上還唱了歌，

當天我們沒有像以前一樣要喝到你死我活或是弄死新郎的狀態，

大家都是很開心在聊以前的事情，

或是討論下一個會是誰結婚的話題，

可能年紀大了不能喝，

可能很想把握這些聚在一起，但是可以清醒的日子，

喝酒不是要拼酒量，

是那種聚會開心的感覺。

說不盡的人生百態——

可樂咖啡

人生總是百態，有時酸，有時甜，有時苦。
這時候就是配上一杯可樂咖啡最剛好；除
了可樂帶來的甜味外，還有濃縮咖啡碰上
可樂帶出來的苦味，同時加了現榨檸檬原
汁，可說是跟人生一樣，酸甜苦通通盡有。

攝影 楊志雄

Chapter4
解人生的渴

——在苦中找樂子，怒喝。

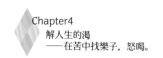

永遠不傳球，但永遠是傳奇。
謝謝你，Kobe Bryant。

很多男生都很喜歡 NBA，或就是看著 NBA 長大的，當然我也是。

我真正開始看 NBA，是在 1999 年國中二年級時，

也就是 Michael Jordan 退休、NBA 封館、萎縮球季的那年。

那時雖然 Jordan 退休，

但其實電視還是常常播出他神勇的影片。

非常感嘆～

為什麼我那麼晚才看 NBA（當時都看棒球）？

為什麼我不是看 Jordan 打球長大？

為什麼我不是活在 Jordan 打球的年代？

但俗話說的好：「找不到初戀，就找跟初戀很神似的。」

神似的人出現了！

我相信說他是最相似、最靠近 Jordan 的人，沒人會反對的。

他就是 Kobe Bryant。

不管是打球的姿式、打球的方法、位子、身高、飛越的高度，

幾乎可以說是 Jordan 的影子了，

當然很多人說是模仿，但他也不避諱的常常說是很喜愛 Jordan，

影響他很大或是學習的人物，就是這位籃球之神，

就像很多人常說的學習從模仿開始，他只是學得非常極致了，

可是神似的狀態，還有最接近 Jordan 的狀態，

當然不只是剛剛那些，

他奪了五個冠軍、一次的三連霸、單場得過 81 分，

這些都是跟神一樣的紀錄！

　（Jordan 是六個冠軍、兩次三連霸、單場最高 69 分）

在上季 Kobe 的生涯總得分數也已經高過 Jordan 了。

雖然很多東西不是看所謂的數據比較去做分別，

但我想有看 NBA 的人就知道，

在運動精神上他們真的很像，

唯一不像的地方，就是 Jordan 會傳球，

Kobe 比較不會傳球，因為他就是不傳球 XDDD

反正就是比較愛自幹，

很多鄉民都會在網路上開玩笑說：

「Kobe，請問球跟你父母掉到水裡你會救誰？」

Kobe 回答：「父母……來世我再孝順你們。」

鄉民：「靠北喔～球會浮起來啦。」

昨天他宣布，

打完今年球季就退休，離開這 20 年的 NBA 生涯，

很多球迷都很難過，包括我也是。

以前學校的垃圾桶跟家裡的垃圾桶旁邊總是會有很多垃圾，

就是想學著他投籃，一丟再丟的 T T

謝謝你帶給我這 20 年的美好，你是個偉大的球員。

永遠不傳球，但永遠是傳奇。

謝謝你，Kobe Bryant。

關心些需要幫助的人，
　哪怕只是一聲加油聲。

有錢出錢，有力出力，
就算只是一聲鼓勵，
都會是他們的動力。
加油[註]～

[註] 指 2015 年 6 月 27 日發生於新
北市八仙樂園的粉塵爆炸事故。

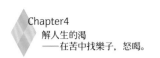

人生就像戰爭，
　　但，戰爭不要出現在人生。

不管在唸書時期還是出社會後，
只要遇到消化不了的狀況或是忙碌的狀態，
很多人都會形容很像戰爭一樣。

其實也不只這些事，吃喝玩樂也都是，
吃到飽、喝到醉、玩到趴等等等，都常常這樣形容，
所以人生就像戰爭一樣，
這句話我想大家常常聽到。

以上戰爭兩字是形容詞，
是可以笑笑的形容他。

但這兩週滑臉書總是看到一些國際發生的事 [註]，

很難過很氣憤，

想必他們一定是很恐懼。

終於知道世界和平跟身體健康一樣重要，

這是老一輩的最常說的，

但好像是真的很難的事情，希望你們都可以平安。

人生就像戰爭，

但，戰爭不要是我們的人生。

祈求世界和平吧！

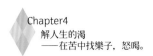

強者傾聽弱者的聲音，
　讓世界多點的關心。

——語錄第一句引用自五月天阿信說過的話

這兩天看到一個新聞其實還滿無奈的。
有位八十幾歲的拾荒阿婆，去收撿一些店家紙箱時，
有家手機行不小心給阿婆裡面有四支全新手機的紙箱，
手機行老闆察覺時，
紙箱已被阿婆拿到資源回收站變賣掉，
這家手機行老闆最後對阿婆提告侵占，
手機行老闆覺得你發現手機應該要拿來還，這是誠信問題。

好，我相信很多人都有看到這個新聞，或許心裡也已經有些想法。
紙箱是你親手交給阿婆，
阿婆說沒有看到手機，
資源回收的人員也說沒收到有手機的紙箱。

暫時可以說有沒有手機其實是個羅生門，
說不定裡面根本沒手機也不一定。

寫這篇文其實不是要抱什麼不平，或是想撻伐抵制什麼事情，
只是覺得社會有很多弱勢族群，或是老人家，
他們很辛苦的在生存，
雖然我想手機店也是很辛苦在經營。
但我認為紙箱是店家自己拿給阿婆的，
就算真的是有手機，
我想我的話，就當作自己沒有檢查清楚，認賠吧。
我想為了四隻手機的找尋，
你可能已經失去了四十個客人了。

前兩天有位看似拾荒的婆婆來溫咖啡點杯咖啡，

結帳時她跟我說過兩天再來付錢，

我沒有請她，但我跟她說：

「好啊！你慢慢喝，有經過再來付錢。」

雖然為善不欲人知，

說這件事情只是覺得，

我不會因為要收這婆婆的錢而快樂或賺錢，

當天還有其他客人在現場，

我相信我如果說硬要收錢，

他們應該都會搶著幫婆婆結帳吧 XDD

之前聽過一個歌手說過一句話：

「強者傾聽弱者的聲音。」

當阿婆說過兩天再來付錢的同時，

我感覺到她可能沒有多餘的錢來付咖啡。

有人可能會說她是來騙一杯咖啡，

但我覺得世界要多點愛心或是關心，

這樣很快樂的。

聽說老虎可以載人去南部，
　因為，騎虎南下。

——語錄改編自 PTT joke 板

好吧！下禮拜要回南部過中秋節的朋友，
如果有沒訂到車位可以試試……。

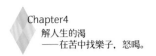
女生在意吃了幾大卡。
男生在意買不到悠遊卡。

02-5572-3080。
聽說昨天撥出這個電話號碼的次數，
超過一年內打給父母的電話。[註]

聽說有個爸爸痛罵小孩，
不要無知的趕流行，
兒子說：「分爸爸一張。」
爸爸就回房睡了。

[註] 指波多野結衣悠遊卡事件。
語錄為波卡發售隔日。

為什麼我們總發現襪子只不見一隻？
因為不見一雙，你不會發現。

——語錄改編自 PTT joke 板

我有個好朋友一直希望溫咖啡語錄張貼笑話，
為了挺他，今天張貼笑話，
這則笑話也是由他提供，非常感謝他。

他也是溫咖啡的設計師，
非常幽默，非常搞笑，
他長得像忍者龜，但像那一隻我不能說。

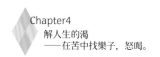
明天不管是藍天綠地，還是親大地，
每天都還是為生活努力。[註]

其實很多好朋友政治立場都不一樣，
但是希望大家都可以互相尊重或是笑一笑帶過。
明天不管藍天綠地，還是親大地，
我們還是要跟平常一樣努力，
開開心心過每一天。
明天其實沒有勝負問題，只是多數問題，
三個黨都輸過，
大家都知道輸了會難過，
但一定是多數人希望當家的人。
台灣加油，我愛台灣，
我愛我每一個好朋友^^

[註] 此為中華民國第十四任總統、
副總統選舉投票前一日所寫。

有人告訴我，我們都是 689，
　　他說喝他吧！別皺眉頭。[註]

因為它燙不了你的舌，
也燒不了你的口，喝吧～
別考慮這麼多，
喔～它燙不了你的舌，
也燒不了你的口，
喝醉吧不要回頭，
喔～台灣要加油 ^ ^

[註] 此為中華民國第十四任總
統、副總統選舉投票隔日所寫。
內文改編自〈愛情釀的酒〉歌詞。

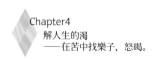
想當潮男，必須坐在北邊，
因為，坐北朝南。

——語錄改編自 PTT joke 板

原來媽媽說風水很重要是真的，
溫咖啡也是坐北朝南，
難怪老闆一直被稱咖啡界金城武。

父母平常再怎麼盧，
　　過年記得陪他們圍個爐。
新年快樂！

電影《古惑仔：龍爭虎鬥》的李組長說過：
「當了一年的矮騾子，
就不能回家當幾天好孩子嗎？」
當然這是電影，這是古惑仔，
這個李組長眉頭也沒有一皺，
但意思當然是說平常再怎麼的玩，
過年還是要陪父母一下。

是小孩都知道，
不管你是在上學上班，
大部分的時間都是留給同學、朋友、同事、工作，甚至愛情。

是小孩也都知道，

父母總是在我們心中很盧。

盧你早點回家，

盧你早點睡，

盧你陪他吃個飯等等等。

過兩天就過年了，

希望大家的父母再怎麼盧，

記得都還是要陪他們圍個爐，

吃個飯聊聊天，包個紅包給他，

順便問他小時候的紅包要保管到什麼時候，喂～

葉問：沒有怕老婆的人。
　　業務：沒有怕的陌生人。

昨天一個在網路寫美食文的女生來溫咖啡，
說在網路上看到這家店，
想過來喝杯咖啡、寫寫東西，
也順便問我一些想法，
聊到一半，就有附近有名的公司裡的三個業務來點咖啡，
瞬間他們就把那女生吞沒了⋯⋯。

ㄟ～附近上班嗎？怎麼會來這？
看你也超年輕的？你一定比我年輕？
你猜我幾年次？哇！寫美食很厲害耶！
後來其實我也沒機會跟那麼女生多說什麼想法，
因為她光是跟那三個業務聊，就快應付不來了。
我只能說葉問真的很會打，業務真的很會聊。

周邊有一些朋友是在做業務的，

自己也因為開店常常遇到推廣產品的業務，

或是在路上也會遇到一些直接問你要不要試試他們產品的業務，

先扣掉可能是詐騙集團跟只是想把妹的想法，

其實我真的覺得做業務的超厲害，

必須在根本不認識對方的狀態下，

說出一個可能對方不會馬上反感、逃避的話題或切入點，

拿出名片跟魔術師變出鴿子一樣快，

你好我姓溫叫我 Max 就好

雞皮疙瘩啦，我不行啦 T T

葉問如果說沒有怕老婆的人，

我想業務就是沒有怕的陌生人。

刮刮樂就是，不管多高的中獎率，
　刮完還是不滿意。

我真的沒有輸很多，
我真的沒有輸很多，
我真的沒有輸很多。

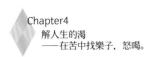
情人節就是，
　　今天你不閃死別人，
別人就會閃死你。

通常情人節打開 FB 就是閃文閃照，
單身的人建議明日不要出門、不要開 FB，
一天很快就過了 XDD
有情人的人用力放閃吧！
今天你不閃死別人，
別人也會閃死你，
祝大家有沒有情人都情人節快樂！

年前恭喜發財，
　　年後恭喜發福。

過年有發財的人，
百分之 70 嘴角會有微笑；
過年有發福的人，
百分之 70 別人看著你笑；
沒有笑你的人，
他可能是，
沒…認…出…你…。

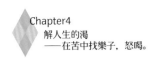
最恐怖的夢就是，以為在上班的路上，
結果還是在家裡床上。

太恐怖的夢了，我為什麼那麼常夢到？
依稀記得我在刷牙、穿搭好衣服，
已經在上班的路上，下一秒卻還是在床上。
今天又一次，屢試不爽，賴床最爽。

今天是聖誕節，先祝大家聖誕快樂。
記得有年起床，
掛在床的襪子裡面沒有禮物，
我爸跟我說聖誕老人睡過頭了。

os：聖誕老人也會睡過頭？
畫面：我昨天還打電話給我乾哥哥戈巴契夫，也是沒人接[註]。

[註] 電影《賭俠》中反派角色海珊的台詞。

我希望每天叫我起床的，
　　不是鬧鐘，而是夢想。

——語錄引用自泛舟哥 FB

上週因為颱風而紅的泛舟哥，
FB 粉絲團已經達到 50 萬了，超級恐怖的。
真的還滿白爛的，因為一句話就紅了

可能很多人會覺得為什麼這樣都可以紅？
他會紅我覺得還可以理解，
真的不是每個人說那句話都會紅，
因為說颱風要去泛舟，其實不是很正確的行為。
但他講就是很好笑，臉又要夠討喜，
很發自內心的想要泛舟，
真的也要天時地利人和啦！
所謂老天賞飯吃。這不是人人都可以這樣，
不信的人下次有地震被訪問的時候說：
「地震就是要去攀岩啊，不然要幹嘛！」

隔天，你一定會被公幹，
然後開始哭、道歉，大概是這種劇本。

他的 FB 有句很正面的話，今天把他放在溫咖啡語錄：
「我希望每天叫我起床的，不是鬧鐘，而是夢想。」
希望大家可以跟他那句話一樣，
叫起床的不再是鬧鐘，更不是兩個鬧鐘、三個鬧鐘，
而真的是夢想喔！

對了！50 萬粉絲真的很恐怖（才一個禮拜），
以下是障礙可以突破嗎？

泛舟哥　　　　50 多萬人　（只說了一句話）
馬英九 總統　100 多萬人　（連任兩屆市長、總統）
舞王 羅志祥　200 多萬人　（出道超過 22 年）
五月天 阿信　300 多萬人　（哪裡開演唱會那裡爆滿）

學到的就要教人，
賺到的就要給人。

——語錄引用自張衛健上節目的話

昨天在網路上看到一個節目片段，
張衛健說好幾年前買完房子碰到金融風暴，
他媽媽跟他說：
「如果下個月拿不出錢繳房貸，可能要宣布破產。」
當時根本不知道該怎麼辦。
在最後兩個禮拜時，因為他一部戲上檔收視還不錯，
有個公司說想要簽他。但他跟公司老闆說：
「老闆你真的要簽我嗎？我可能再兩個禮拜就要宣布破產了。」
當時老闆就開了張支票給他，然後跟他說：
「學到的就要教人，賺到的就要給人。」

其實非常的受教以及有感觸，
不是學到的東西要趕快跟別人說，或是賺到的錢要分給別人，
我想真正的意思應該是說助人為快樂之本，

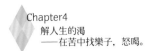

[註] 電影《賭俠》中的劇情。壞角色海珊在賭船上，借給劉德華飾演的主角小刀 20 元，卻故意把錢丟到地上羞辱人的片段。

有能力的話，
你不只可以幫助別人，甚至可以改變別人。

其實本來很好奇支票上是多少錢？
但後來他說他老闆是誰的時候，
已經覺得支票是多少錢不重要了。
他老闆叫劉德華。

PS. 雖然我腦中只浮現海珊借他 20 元的畫面[註]，
但我想他應該不是用同樣的方式把支票給張衛健的。

人間的天堂，
　　莫過於冬天的床。

告訴你一個神祕的地方～
一個冬天必須賴著的床～
跟人間一樣的忙碌擾嚷～
有哭有笑鬧鐘響會有悲傷～
我們擁有同樣磁鐵的床～[註]

[註] 內文改編自〈快樂天堂〉歌詞。

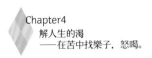
要懂得敬業，
　　　才會有事業。

昨天很多人在看世界 12 強棒球賽，
坦白說很可惜，尤其是八局本來可以追平的。
不過因為運氣不好沒有追平，
反而九局上又被對方打了幾分回來，
最後無力反撲，哎 比賽就是這樣。

很多人當然對八局下沒追平的狀態有點聲音出現，
不過我想大家如果有去那個棒球選手的粉絲專頁，
他其實有分析給所有內行外行的人聽，
大多數的人，
都應該知道他分析的東西是有道理的。

他有說：「不要說認真就輸了，其實，不認真才真的會輸。」
我想他也不想輸，那球他也想跑回來的，
他其實也可以不用解釋或分析給別人聽，
但我想他是很敬業在面對棒球、面對球迷，還有所有幫台灣加油的人，
他打的是敬業，他跑的是事業。

不管大家是看門道還是看熱鬧，
不管是看棒球還是只是在下球，
請對台灣球員給多一點鼓勵，下一場比賽加油！

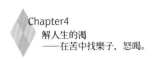
助人為快樂之本，
　　只要你肯。

昨天晚上看到個新聞其實非常鼻酸，

雲林有個警察，

在五年前，因為忙碌的工作，

又要照顧中風的爸爸，蠟燭兩頭燒。

因此在值勤時，腦中風變植物人，

雖然算是因公傷殘，每個月有三萬元補助，

但他的太太現在獨自扶養三個小孩，還要照顧變成植物人的先生。

每個月扣掉房租跟醫療費，只有不到一萬的收入。

這位太太現在去學 line 的貼圖，

希望可以補貼更多的資金，

來幫助龐大的醫療費還有生活費，

這個 line 的貼圖叫「啾咪和波比」、「啾咪和波比」，

「啾咪和波比」是她自己去學畫畫再用電腦創作的。

溫咖啡的溫語錄常常打一些屁話爛笑話，

但今天溫咖啡很希望大家可以幫助這家人，

懇求你們，可以拿起你們的手機下載這個貼圖嗎？

「啾咪和波比」圖案是一隻狗跟一隻貓，

不管你在台灣還是在國外，

不管你是用 iPhone 還是 HTC，

希望大家看到這篇可以花 30 元幫助他們。

雖然新聞有説，收 line 的權利金，其實也算微薄的收入，

但我相信團結力量大，助人為快樂之本，只要你肯。

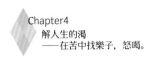

醜小鴨變天鵝，不是因為他多努力，
而是因為他父母就是天鵝。

——語錄引用自 PTT joke 板

昨日 ptt 魯蛇金句 XDD

血統很重要，
爸爸是李嘉誠很重要，
突破盲點很重要。

媽媽、女友、iPhone，
掉到水裡，你會先救誰？

世界在變，問題在變，
心中的答案是不是不會變。

人人都有夢，
10.19.22.29.32.33，特別號 06。

温咖啡之人人都有夢。
我相信人人曾經都有個夢，
就是隔天起床就變有錢的富翁。
是的，這個夢我到現在還是偶爾有 XDDDD

我想大家都知道，
温咖啡每天都會在杯子貼一句話，
就是除了喝咖啡的力量外，
希望大家看到一些字句，
可以給大家更多能量。

今天是連續槓龜 37 期、頭獎飆到 21 億的威力彩開獎，

溫咖啡之人人都有夢，

今天溫語錄每杯都有一組不同的號碼，

希望可以給買咖啡的您多一些靈感、多一些夢想。

當然這不是報明牌喔！！

所以有買咖啡得到這個號碼的人，

也可以當做紀念喔～

如果有買、有中，記得要多做一些好事，

幫助需要幫助的人，例如買溫咖啡的咖啡……。

快樂不是擁有得多，
　　而是花費的少。
　　　　————語錄引用自廣告「全聯經濟美學_溫秉錞篇」

去全聯你可以省更多 XD

苦中作樂的幽默——

美式咖啡

對我來說，最有趣幽默的狀態不是嘲諷別人，而是自己的苦中作樂。有時人在苦裡面作樂，才會讓自己走出不開心的一面，美式咖啡非常能夠代表這種感覺。一般人都會覺得美式咖啡很苦，但其實認真體會這些苦，可以感受到它後面帶起來的甜以及回甘，讓這杯美式咖啡有種苦中作樂的滋味。

攝影 楊志雄

温咖啡之友

台南艾咖啡 ALFEE Coffee

離線咖啡 Offline Café

iNPUT Café 音鋪咖啡

藍儂說 Then Espresso

Phoenix Coffee & Tea 鳳咖啡

好意思 Café

Milkglider Latteartist Unity

PUSH ONE

繪本咖啡｜嬉々 café

五坪咖啡

祖厝咖啡

GABEE.

右舍咖啡

球好・咖啡 Best Café Sport Bar

St.1 Café

HILA STEP

咖啡寓

coffee smith

Lovely cake 樂芙尼手工蛋糕

Want café 玩咖

達文西咖啡

六丁目咖啡

Single Origin café

白蓮達 Coffee

喝什麼。KaPi

穿越九千公里交給你

HaoHaoKaffe

貓門咖啡 Café Moment

會出現在溫咖啡之友，不是你曾經幫助過我，就是希望你以後要幫助我，此排序未代表任何意義，只是我邊寫邊想，邊寫又邊想……

COFFEE : STAND UP

5 Senses Café

立斐米提 L´apre´s midi Café

Artista Perfetto

八分目

Simple Kaffa

神燈咖啡

畢洛雅咖啡

Oracle coffee

casa 咖啡

雷克斯咖啡

E=MC^2 Café

café lulu

十八居咖啡

芒果咖啡

Olivia Coffee

瘦子咖啡

卡爾地咖啡

Grace Cafe 典咖啡

後門咖啡

墨咖啡

矗品咖啡

路易莎

木白甜點咖啡店

Lin+Coffee

Coffee Stopover

880 咖啡外帶吧

咖啡葉店

2016 年

解憂咖啡館　不 冷 不 熱， 溫 的，　　　剛 剛 好。

作　　　　者	溫秉錞
編　　　輯	黃馨慧
美 術 設 計	吳怡嫺
封 面 攝 影	楊志雄
發 行 人	程顯灝
總 編 輯	呂增娣
主 編 輯	李瓊絲
編　　　輯	鄭婷尹、邱昌昊
	黃馨慧、余雅婷
美 術 主 編	吳怡嫺
資 深 美 編	劉錦堂
美　　　編	侯心苹
行 銷 總 監	呂增慧
行 銷 企 劃	謝儀方、李承恩
	程佳英
發 行 部	侯莉莉
財 務 部	許麗娟、陳美齡
印 務	許丁財
出 版 者	四塊玉文創有限公司
總 代 理	三友圖書有限公司
地 址	106 台北市安和路 2 段 213 號 4 樓
電 話	(02) 2377-4155
傳 真	(02) 2377-4355
E － m a i l	service@sanyau.com.tw
郵 政 劃 撥	05844889 三友圖書有限公司
總 經 銷	大和書報圖書股份有限公司
地 址	新北市新莊區五工五路 2 號
電 話	(02) 8990-2588
傳 真	(02) 2299-7900
製 版 印 刷	卡樂彩色製版印刷有限公司
初 版	2016 年 07 月
定 價	新台幣 340 元
I S B N	978-986-5661-76-2（平裝）

國家圖書館出版品預行編目 (CIP) 資料

解憂咖啡館：不冷不熱，溫的，剛剛好 / 溫秉錞作 .
-- 初版 .-- 台北市：四塊玉文創，2016.07
　面；公分
ISBN 978-986-5661-76-2（平裝）

1.生活指導 2.格言

177.2　　　　　　　　　　　　　105010758

SANYAU
http://www.ju-zi.com.tw
三友圖書
友直 友諒 友多聞

地址： 　　　　縣/市　　　　鄉/鎮/市/區　　　　路/街

　　段　　巷　　弄　　號　　樓

三友圖書有限公司 收
SANYAU PUBLISHING CO., LTD.

106　台北市安和路2段213號4樓

三友圖書
讀書俱樂部

「填妥本回函，寄回本社」，即可免費獲得好好刊

優質好康

粉絲招募
歡迎加入

臉書／痞客邦搜尋
「微胖男女編輯社 - 三友圖書」
加入將優先得到出版社提供的相關優惠、
新書活動等好康訊息。

四塊玉文創╳橘子文化╳食為天文創╳旗林文化
http://www.ju-zi.com.tw
https://www.facebook.com/comehomelife

親愛的讀者：
感謝您購買《解憂咖啡館》一書，為感謝您對本書的支持與愛護，只要填妥本回函，並寄回本社，即可成為三友圖書會員，將定期提供新書資訊及各種優惠給您。

姓名 _____ 出生年月日 _____
電話 _____ E-mail _____
通訊地址 _____
臉書帳號 _____
部落格名稱 _____

1 年齡
□ 18 歲以下 □ 19 歲～ 25 歲 □ 26 歲～ 35 歲 □ 36 歲～ 45 歲 □ 46 歲～ 55 歲 □ 56 歲～ 65 歲
□ 66 歲～ 75 歲 □ 76 歲～ 85 歲 □ 86 歲以上

2 職業
□軍公教 □工 □商 □自由業 □服務業 □農林漁牧業 □家管 □學生 □其他 _____

3 您從何處購得本書？
□網路書店 □博客來 □金石堂 □讀冊 □誠品 □其他 _____ □實體書店 _____

4 您從何處得知本書？
□網路書店 □博客來 □金石堂 □讀冊 □誠品 □其他 _____ □實體書店 _____
□ FB(微胖男女粉絲團 - 三友圖書) □三友圖書電子報 □好好刊 (雙月刊) □朋友推薦
□廣播媒體 _____

5 您購買本書的因素有哪些？（可複選）
□作者 □內容 □圖片 □版面編排 □其他 _____

6 您覺得本書的封面設計如何？
□非常滿意 □滿意 □普通 □很差 □其他 _____

7 非常感謝您購買此書，您還對哪些主題有興趣？（可複選）
□中西食譜 □點心烘焙 □飲品類 □旅遊 □養生保健 □瘦身美妝 □手作 □寵物
□商業理財 □心靈療癒 □小說 □其他 _____

8 您每個月的購書預算為多少金額？
□ 1,000 元以下 □ 1,001 ～ 2,000 元 □ 2,001 ～ 3,000 元 □ 3,001 ～ 4,000 元
□ 4,001 ～ 5,000 元 □ 5,001 元以上

9 若出版的書籍搭配贈品活動，您比較喜歡哪一類型的贈品？（可選 2 種）
□食品調味類 □鍋具類 □家電用品類 □書籍類 □生活用品類 □ DIY 手作類
□交通票券類 □展演活動票券類 □其他 _____

10 您認為本書尚需改進之處？以及對我們的意見？
_____

感謝您的填寫，您寶貴的建議是我們進步的動力！

不是當對方奴隸。

愛情，是要為對方努力，

相愛是一瞬間，

相守是用時間。

手機把遠方的人拉近了，

但也把旁邊的人推遠了。

愛情不是找適合的人，是成為一個合適的人。

愛情可以走不遠，但不要撕破臉。

就是一種滿足。

有時，看著朋友幸福，

才會來一些運氣。

人有時候要有些勇氣，

拼命的去生存，

也記得快樂的去生活。

其實只是對自己感到生氣。

有時嘴巴說想要放棄，

成功或失敗，都要自己去參與。

追逐夢想最有趣的事情，不只是過程，還有陪你的人。

而是稱職。

人生比的不是職稱，

可不當人中之龍，

但別當籠中之人。

但努力會有更多選擇。

選擇比努力重要，

心裡美麗，你就會變美麗。

心裡安靜，全世界就安靜；

有些事，認真就輸了；

有些事，輸了才會開始認真。

不成功的人，你會看到謙虛；

不成功的人，你會看到牽拖。

練習有時不是為了進步，

是為了不要退步。

處理好心情，才可以處理好事情。

但別輕易的放棄。

可以輕盈地放下，

長大才發現簡單是幸福的事。

小時候覺得幸福是簡單的事，

在高潮時享受掌聲，

在低潮時享受人生。

有些事不是永遠不懂，是到了某個年紀才懂。

人生的精采是自己決定。

人生的長短是天注定，

關心些需要幫助的人，

哪怕只是一聲加油聲。

讓世界多點的關心。

強者傾聽弱者的聲音，